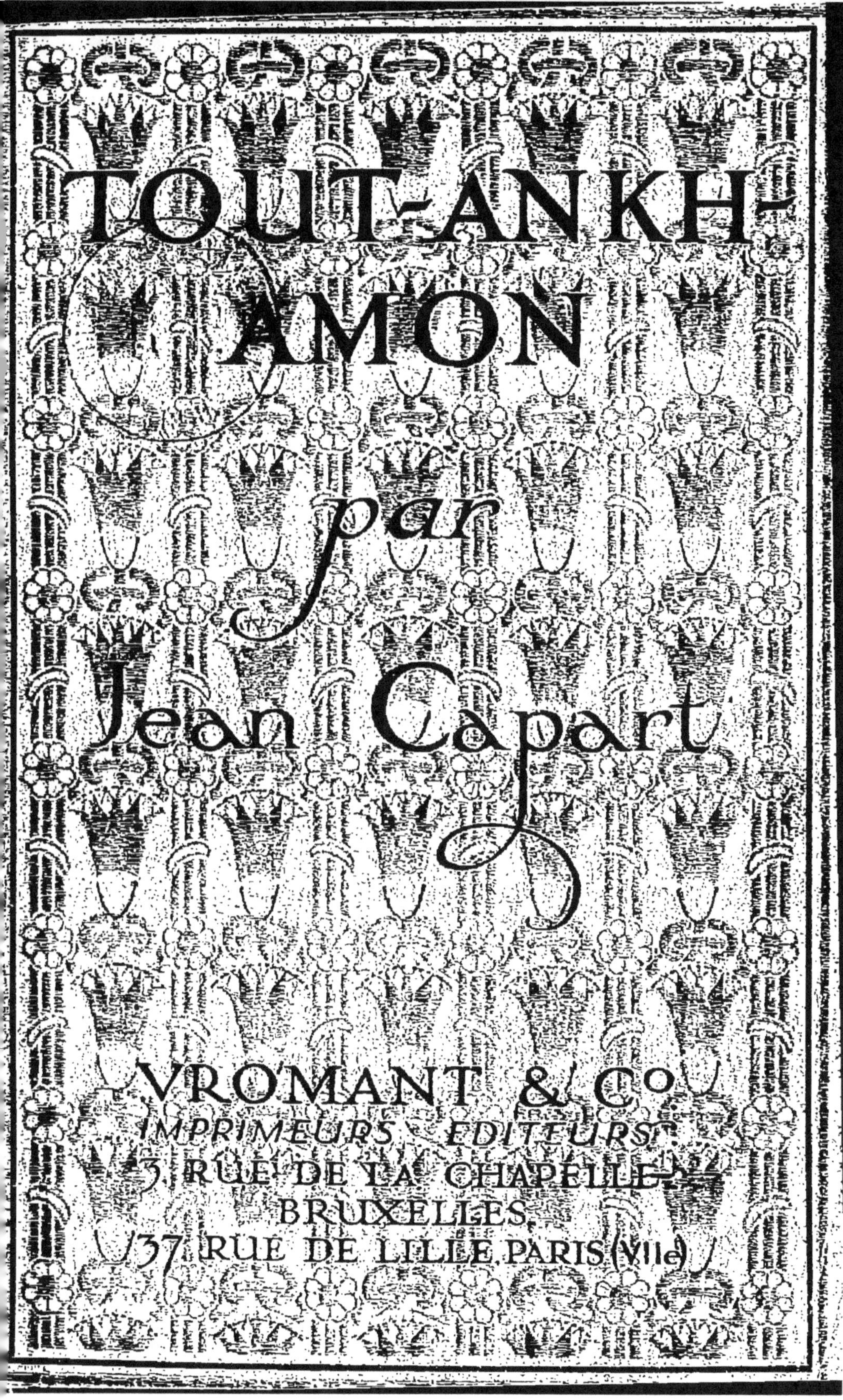

TOUT-ANKH-AMON

par

Jean Capart

VROMANT & C°
IMPRIMEURS-ÉDITEURS
3 RUE DE LA CHAPELLE
BRUXELLES
37 RUE DE LILLE PARIS (VIIe)

Toutankhamon

Des presses de
VROMANT & Cᵒ, Imprimeurs
BRUXELLES

Toutankhamon.

Fragment d'une statue d'Amon aux Musées Royaux
du Cinquantenaire à Bruxelles.

(Cliché des Musées Royaux)

Jean CAPART

Toutankhamon

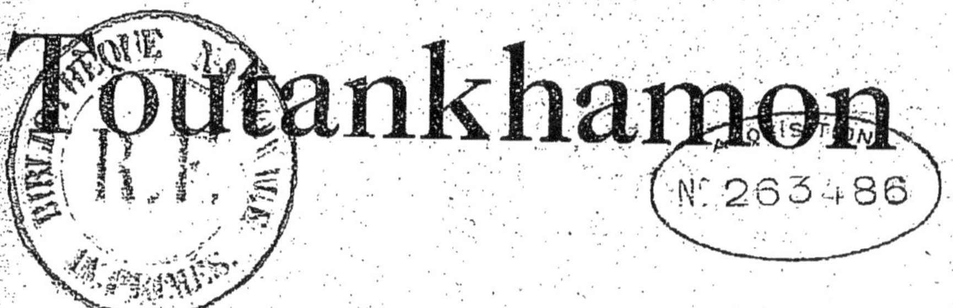

VROMANT & C°, IMPRIMEURS-ÉDITEURS

3, RUE DE LA CHAPELLE | 37, RUE DE LILLE (VIe)
BRUXELLES | PARIS

1923

A

S. M. LA REINE ÉLISABETH

EN TÉMOIGNAGE DE PROFOND RESPECT

ET DE

VIVE RECONNAISSANCE

AVERTISSEMENT

Plusieurs personnes m'ont assuré que je ferais chose utile en réunissant les divers articles que j'ai eu l'occasion d'écrire pendant les six premiers mois de 1923 sur le tombeau de Toutankhamon.

On trouvera dans ce petit livre, aux chapitres I et III, deux études publiées dans *Le Flambeau* de Bruxelles, en janvier et en juin. Le chapitre II est composé de lettres envoyées de Louxor, la Ire et la VIIe au *Times* de Londres, les IIe, IIIe, IVe et V^e à *La Nation Belge* de Bruxelles et la VIe au journal arabe *Al Syassa* du Caire.

A ceux qui auraient préféré trouver ici un livre traitant d'une manière systématique de la trouvaille sensationnelle de Thèbes, je dirai que le moment n'est pas encore venu de donner au public un tel travail. Je me suis bien gardé de tout ce qui pourrait sembler une indiscrétion vis-à-vis des droits incontestables de Howard Carter de présenter lui-même le résultat de ses découvertes. Lorsque, dans une de mes lettres de Louxor, j'ai décrit l'un ou l'autre objet avec plus de détails que n'en avait donnés le *Times*, j'ai eu soin de communiquer mon manuscrit à Lord Carnarvon en lui demandant son agrément avant la publication.

Mais lorsque tout sera décrit, étudié, catalogué et étiqueté, on aimera peut-être à retrouver les impressions, écrites sur l'heure, par un témoin de l'ouverture de la tombe le 18 février 1923.

Jean CAPART.

CHAPITRE PREMIER

Le Nouveau Trésor découvert en Égypte.

Janvier 1923.

DEPUIS quelques semaines, les journaux quotidiens qui, de mémoire d'homme, ne s'étaient autant occupés d'égyptologie, émerveillent leurs lecteurs par des récits de découvertes si romanesques, que plus d'un esprit critique n'a pu s'empêcher d'exprimer une certaine crainte au sujet de la réalité de ce trésor des *Mille et une Nuits*. Rappelons-nous Aladin emmené par le magicien loin de la ville, traversant les campagnes pour arriver près des rochers. « Ils parvinrent enfin dans un vallon étroit situé entre deux montagnes de hauteur à peu près égale. A cet endroit, le magicien alluma un feu de broussailles, y jeta un parfum et, tandis que la fumée s'élevait, il prononça des paroles magiques. Soudain, la terre trembla, s'ouvrit et fit voir à découvert une pierre d'environ un pied et demi en carré, posée horizontalement, avec un anneau de bronze scellé dans le milieu pour s'en servir à la lever. Comme Aladin s'effrayait, le magicien lui

dit : « Vous avez vu ce que j'ai fait par la
» vertu de mon parfum et des paroles que
» j'ai prononcées. Apprenez donc présen-
» tement que, sous cette pierre que vous
» voyez, il y a un trésor caché qui vous est
» destiné et qui doit vous rendre un jour
» plus riche que les plus grands rois du
» monde... » Quand la pierre fut ôtée, un
caveau de trois à quatre pieds de profon-
deur s'ouvrit, avec une petite porte et des
degrés pour descendre plus bas. « Mon fils,
» dit alors le magicien africain, observez
» exactement tout ce que je vais vous dire.
» Descendez dans ce caveau ; quand vous
» serez au bas des degrés que vous voyez,
» vous trouverez une porte ouverte qui
» vous conduira dans un grand lieu voûté
» et partagé en trois grandes salles, les
» unes après les autres. Dans chacune
» vous verrez, à droite et à gauche, quatre
» vases de bronze, grands comme des
» cuves, pleins d'or et d'argent... »

Dans quelques années, les savants qui
étudieront les thèmes de contes populaires
n'hésiteront point à reconnaître dans les
dépêches envoyées à la fin de 1922, de

Thèbes, une nouvelle *recension* de l'histoire d'Aladin, simplement modernisée par la substitution du lord anglais au magicien d'Afrique et de l'archéologue Howard Carter au jeune Aladin. Ils auront beau jeu de citer, comme la source de toutes ces histoires, des passages bien caractéristiques d'un manuel arabe intitulé : *Livre des perles enfouies et du mystère précieux au sujet des indications des cachettes, des trouvailles et des trésors*[1]. Nous pouvons y lire, par exemple, des instructions précises au sujet d'un tombeau royal. Arrivé à la montagne, il faut faire des fumigations, creuser le sol, puis, après avoir découvert une plaque avec un anneau en airain, ouvrir une trappe qui donne accès à un souterrain. Ayant franchi une troisième porte, on entre dans une grande salle où se trouvent douze armoires, dont quelques-unes sont pleines d'argent, d'autres remplies d'armes et d'objets précieux. « Dirigez-vous vers l'armoire isolée qui est à droite, et qui se

---

1. Publié et traduit par Ahmed bey Kamal. Le Caire, 1907. Voir particulièrement pp. 160 à 161.

reconnaît à ce qu'elle a, devant son ouverture, une veilleuse en pierre précieuse, qui éclaire comme une lampe allumée; la clef y est encore. Entrez chez un roi couché sur un lit d'ébène orné d'or et incrusté de perles fines et de pierres : c'est le roi d'Égypte, et il a près de lui toutes ses richesses avec celles de son père. Vous verrez tous les produits de l'Égypte, déposés dans cette chambre royale. Sous le lit, il y a une plaque que vous ôterez; descendez vingt degrés et vous arriverez à une porte à deux battants : ouvrez-la et pénétrez dans une grande chambre. » Et celle-ci naturellement est remplie de nouveaux trésors.

Les journaux ont raconté que lord Carnarvon et Howard Carter étaient devant la porte encore murée du caveau royal. Après avoir pratiqué une ouverture, le second y fait passer une bougie puis il regarde, cherchant à percer les ténèbres. Quel moment ! La cachette a-t-elle été visitée déjà par des pillards qui n'ont laissé derrière eux que des débris lamentables? Et lord Carnarvon murmure :

« Y a-t-il quelque chose? » Après un silence qui devait paraître interminable, Carter répond : « Il y a ici des merveilles. »

Vraiment, c'est une merveille de pouvoir, après bientôt trente-cinq siècles, découvrir encore une telle cachette, malgré les révolutions et en dépit de l'acharnement des voleurs de trésors qui, depuis les temps pharaoniques, n'ont cessé de ravir à la montagne les richesses que la piété des Égyptiens avait déposées dans les tombeaux. Leur chasse a été fructueuse et nous venons d'en recueillir l'écho, à peine altéré, dans le *Livre des Perles enfouies* et dans les contes des *Mille et une Nuits*.

Dès le début de la XVIIIe dynastie, vers 1500 avant notre ère, les grands rois de Thèbes avaient décidément abandonné pour leur sépulture la forme de la pyramide. La tombe royale était maintenant divisée en deux parties bien distinctes : la chapelle et le caveau. La chapelle était construite sur la rive gauche du Nil, en face de la capitale, et quelques-uns des temples de

Thèbes : Kournah, le Ramesseum et Médinet-Habou sont en réalité des édifices consacrés au culte des rois Séti Ier, Ramsès II et Ramsès III. Le caveau était creusé dans le roc, loin de là, au cœur du massif montagneux fermant l'horizon du voyageur qui, de Louxor sur la rive droite du Nil, regarde au delà du fleuve vers l'immense nécropole thébaine. Pour atteindre la Vallée des Rois, il faut donc d'abord traverser le Nil en barque. Au trot rapide des petits ânes d'Égypte, on franchit ensuite la distance de deux kilomètres environ qui sépare l'endroit de débarquement du temple de Kournah. A partir de ce point on pénètre dans la région déserte. Le sol est criblé de tombes anciennes. Au nord de la colline appelée Drah Aboul Negga s'ouvre l'étroite vallée qui, après un trajet capricieux de près de quatre kilomètres, conduit à Biban el Molouk. On a décrit cent fois l'impression que produit sur le voyageur cette route sinueuse à travers les montagnes d'une désolation sans pareille. C'est bien le monde de la mort, cette vallée où le regard ne rencontre ni un animal, ni un brin d'herbe et dont les roches calcaires, cuites et recuites par le soleil pendant des milliers d'années, déchiquetées et ravinées autrefois par des pluies torrentielles et plus récemment par des averses d'orage, ont pris des aspects fantastiques, suggérant à l'esprit des ruines titanesques. Enfin, à un endroit où la vallée se fermait, les ingénieurs égyptiens ont fait sauter une partie du rocher pour se procurer un accès dans un cirque énorme où débouchent plusieurs gorges latérales. C'est là que les grands rois du Nouvel Empire ont été ensevelis.

Leurs tombes se présentent généralement sous l'aspect de couloirs et de chambres excavés dans la montagne et dont les murs sculptés et peints montrent, en grands tableaux, la réception du roi défunt par les dieux et les pérégrinations de l'âme dans les régions infernales. Au milieu d'une des dernières salles, la momie royale est couchée dans de riches cercueils emboîtés l'un dans l'autre, reposant au fond d'un sarcophage d'albâtre ou de granit.

Biban. el Molouk. (Cliché de l'auteur.)

donné; par un maquillage habile du terrain, on dissimulait l'endroit où se cachait la sépulture, tandis que, dans la chapelle funéraire de la vallée, les prêtres continuaient pendant quelques générations à célébrer les rites au bénéfice de l'âme désincarnée.

Mais nous avons appris par l'expérience des fouilles que la terreur superstitieuse n'était pas assez grande pour retenir la cupidité des pillards. Déjà les employés de la nécropole, chargés des enterrements, ne reculaient pas devant la violation des momies confiées à leurs soins. Quoi d'étonnant si, vers la fin du Nouvel Empire, à une période de faiblesse politique, une bande de brigands se soit organisée pour piller la nécropole royale? Le hasard a mis entre les mains des égyptologues toute une série de documents appartenant au dossier de l'instruction criminelle qui arrêta pour un temps ces déprédations sacrilèges. Le papyrus Abbott, au British Museum, le papyrus Amherst et les papyrus Mayer à Liverpool, ont donné principalement les procès-verbaux d'inspection des tombes, les témoignages de criminels ou de témoins pleins de détails curieux.

« Nous avons pénétré tous dans la tombe, dit un protocole d'aveux, nous avons ouvert les cercueils et les enveloppes dans lesquelles étaient les corps. Nous avons trouvé cette auguste momie du roi. Nombreux étaient les ornements et les amulettes d'or qui se trouvaient sur sa poitrine; sa tête était couverte d'un masque d'or et toute la momie du roi était revêtue d'or. Ses cercueils étaient travaillés en or et en argent, à l'intérieur et à l'extérieur, et incrustés de pierres précieuses. Nous avons arraché tout cet or de l'auguste momie, ces amulettes, ces ornements. Nous avons de même trouvé la femme du roi et nous l'avons dépouillée de tout. Puis nous avons mis le feu à leurs cercueils. Nous avons volé leur mobilier, les vases d'or, d'argent et de bronze et nous avons alors divisé notre butin en huit parts. »

Devant le danger que couraient les momies royales, les inspecteurs de la nécropole décidèrent qu'il était indispensable de les mettre à l'abri. Plusieurs d'entre elles avaient grandement souffert des procédés brutaux habituels aux pillards. Le grand conquérant d'Asie, Thoutmès III, avait été particulièrement malmené. « Sa momie, dépouillée dans l'antiquité, puis brisée en trois, avait été refaite, probablement dans le même temps que les autres momies de la XVIIIe dynastie. Comme les morceaux ballotaient, les restaurateurs lui avaient mis, en guise d'éclisse, quatre petites rames de bois peintes en blanc, une au dehors, trois au dedans du maillot, qui donnèrent quelque solidité à l'ensemble [1]. » Sous la XXIe dynastie, un grand nombre de rois, de reines et de princesses furent déposés secrètement dans une cachette à Deir el Bahari. Retrouvée par des Arabes vers 1871, celle-ci ne fut connue par les agents du Service des Antiquités qu'en 1881, et elle fournit au musée du Caire la majeure partie de sa collection, unique au monde, de momies royales. En 1898, une seconde

1. MASPERO G., *Les momies royales de Deir-el-Bahari*. Paris, 1889, pp. 547 à 548.

cachette, découverte, dans le tombeau d'Aménophis II, donnait, outre la momie de ce roi, celles de neuf souverains du Nouvel Empire.

Dès l'époque grecque, les touristes de passage à Thèbes allaient visiter les tombes des rois, comme en font foi les nombreux *grafitti* qu'ils ont laissés sur les murs et qui nous apportent l'écho de leur admiration.

Peut-on s'étonner que les fouilleurs modernes qui ont la bonne fortune de découvrir des tombes dans la vallée de Biban el Molouk les aient généralement trouvées violées et renfermant à peine quelques lamentables débris du mobilier funéraire? Ce fut le cas pour l'Américain Davis qui déblaya le tombeau de la reine Hatshepsout, du roi Thoutmès IV, du roi Horemheb, etc. A proximité des caveaux royaux, quelques privilégiés avaient été admis à faire creuser leurs tombes. Celles-ci, à une exception près, n'ont pas davantage échappé aux détrousseurs de momies. Je me rappelle avoir eu la chance, dans les premiers jours de 1901, de pénétrer, en compagnie de Maspero et de Howard Carter, qui était à ce moment inspecteur des fouilles de Thèbes, dans le monument funéraire de Sennefer, personnage important de la XVIIIe dynastie. Il était maire de la capitale, ce qui n'aurait probablement pas suffi pour justifier le privilège de reposer à côté des souverains si son épouse Sennaï n'avait eu l'honneur d'être la nourrice de Thoutmès IV. Leur tombe avait été violée dès l'antiquité et les fragments du mobilier, échappés à la fureur dévastatrice des pillards, gisaient sur le sol, presque entièrement recouverts par la boue que les pluies d'orage avaient entraînée jusqu'au fond des couloirs et des chambres.

Aussi, ce fut une vraie surprise lorsqu'on apprit, dans les premiers jours de 1905, que l'Américain Davis, qui explorait depuis quelques années la Vallée des Rois, avait découvert la tombe presque intacte de Iouiya et Touiyou, les beaux-parents d'Aménophis III, entre les tombeaux de Ramsès III et de Ramsès XII. Il était peu probable, à première vue, que dans l'étroit espace qui séparait ces deux hypogées une autre sépulture ait pu trouver place. Il fallait l'obstination du fouilleur américain et surtout les ressources illimitées dont il disposait, pour entreprendre une recherche aussi *unpromising*. Or, l'amoncellement des débris qui provenaient du creusement des tombes de la XXe dynastie avait protégé de toute déprédation la sépulture des parents de la reine Tiyi. La description, par Davis lui-même, de la première entrée des fouilleurs dans le caveau qui allait livrer les plus beaux meubles égyptiens connus jusqu'alors, est une des pages les plus vivantes de l'histoire des fouilles. Après avoir descendu deux séries de marches, Davis, Maspero et Weigall se trouvèrent devant une porte murée et plafonnée, qui présentait à la partie supérieure une ouverture. C'était la preuve qu'un intrus y avait pénétré avant le creusement des tombes de la XXe dynastie. La face du mur était plafonnée d'argile et du haut en bas on y avait apposé les scellés. Des deux côtés de la porte, une coupe de poterie montrait les empreintes digitales du plafonneur et dans chaque coupe était encore posé le bâtonnet de bois dont il s'était servi, le travail achevé, pour détacher l'argile qui adhérait à ses mains. Le trou laissé par le voleur était trop élevé et trop étroit pour que Maspero pût y passer sans se blesser. « N'ayant que nos mains, nous réussissons, écrit Davis, à enlever la première rangée de pierres et alors M. Maspero et moi, nous poussons la tête et la bougie dans la chambre. On ne voyait que le reflet de l'or qui couvrait certains meubles difficiles à identifier. » L'ouverture est élargie et les trois explorateurs, franchissant le mur de pierre, pénètrent dans la chambre. « Il y faisait noir autant qu'il peut faire noir et la chaleur était extrême. La première chose à découvrir était le nom du propriétaire, ce dont nous n'avions pas la plus légère idée. Nos bougies, que nous tenions élevées, ne nous donnaient qu'une lumière faible qui cependant nous éblouissait et nous ne pouvions rien voir, sinon le scintillement de l'or. Après quelques instants, je distinguai un très grand cercueil en bois enduit de bitume, décoré à la partie supérieure d'un bandeau en feuilles d'or couvert d'hiéroglyphes. J'attirai sur lui l'attention de Maspero qui, immédiatement, me passa sa bougie. Je la tins avec la mienne, tout près des inscriptions, afin qu'il pût les lire. A l'instant il dit : « Iouiya. » Naturellement excité par cette nouvelle et aveuglé par l'éclat des bougies, j'approchai celles-ci, involontairement, du cercueil. « Attention, » cria Maspero, repoussant mes mains en arrière. Nous avions compris à l'instant que si mes bougies avaient touché le bitume dont j'étais si près, le cercueil n'aurait fait qu'une flambée. Tout ce qu'il y avait dans la tombe était inflammable. Directement en face du cercueil, le corridor qui conduisait à l'air libre, aurait fait office de cheminée. Nous aurions tous péri puisque notre seule issue était ce corridor et qu'il aurait encore fallu escalader la muraille de pierre obstruant la porte [1]. »

1. DAVIS Th.-M., *The tomb of Iouiya and Touiyou*. Londres, 1907.

Quand on put déblayer la chambre, on expédia au musée du Caire des meubles merveilleux, des lits, des fauteuils, un char, des coffrets, des vases, dont beaucoup n'avaient pas été faits pour servir de mobilier funéraire à Iouiya et Touiyou, mais avaient appartenu au roi Aménophis III, leur gendre, à la reine Tiyi et à d'autres membres de la famille royale, qui les avaient apportés en offrande à ces morts qu'ils voulaient honorer. Ce n'était pas à proprement parler une tombe de roi, mais elle nous restituait un mobilier royal.

Encouragé par cette brillante découverte, Davis continua, quelques années encore, son exploration de la vallée. En 1906, il trouva dans une anfractuosité de rocher un beau vase en faïence émaillée portant le nom du roi Toutankhamon et l'année suivante, il recueillit dans une chambre creusée dans le roc, à quelque distance du tombeau du roi Horemheb, un coffret brisé renfermant quelques morceaux de feuilles d'or estampées au nom de Toutankhamon, de sa femme Ankhes-n-Amon, du Père Divin Ay et de sa femme

Tiyi. Dans la boue gisait une belle statue d'albâtre, malheureusement sans inscription. Quelques jours après, on ouvrait un puits, à peu de distance, et on le trouvait rempli de vases en terre. Le couvercle de l'un d'eux était assujetti encore par une étoffe, sur laquelle on voyait le cartouche de Toutankhamon. Quand Davis me montrait, sur son bateau mouillé à Thèbes, le vase en faïence bleue, il avait toutes les raisons du monde de me le présenter comme le seul objet échappé intact au pillage du tombeau de Toutankhamon. Dans la préface de son dernier mémoire, publié en 1912, il pouvait écrire sans hésitation : « Je crains bien que la vallée des tombeaux ne soit maintenant épuisée. »

Il est temps pour nous de relire quelques passages de l'importante dépêche envoyée au *Times* par son correspondant du Caire, le 29 novembre dernier : « Depuis sept ans on s'était mis à l'œuvre dans la Vallée des Rois après que les autres chercheurs avaient abandonné le site. Ici de nouveau les fouilleurs (lord Carnarvon et son collaborateur et ami Howard Carter) avaient rencontré peu de succès. Par moments, ils désespéraient presque de trouver quoi que ce soit, mais ils ne perdirent pas courage. La recherche se poursuivait systématiquement et, enfin, la persévérance acharnée de Howard Carter, son habileté et surtout son flair furent récompensés par la découverte, directement en dessous de la tombe de Ramsès VI, de ce qui paraissait être une cachette. »

La tombe de Ramsès VI, de la XXe dynastie, était ouverte déjà à l'époque grecque et, comme une confusion s'était établie entre une partie de son nom et celui du roi Aménophis III, que les Grecs appelaient « Memnon », on croyait y voir la sépulture de ce souverain. Un grafitte, sur un des murs, s'exprime comme suit : « Hermogène d'Amase a vu et admiré les tombeaux, mais après avoir examiné cette tombe de Memnon, il a ressenti plus que de l'admiration. » Et depuis lors, tous ceux qui ont visité la Vallée des Rois ont pénétré dans ce monument funéraire sans se douter qu'ils passaient au-dessus d'une précieuse cachette, protégée précisément par l'énorme monceau de débris de pierres, provenant du creusement de ces couloirs et de ces chambres.

« La porte extérieure, encore scellée, fut soigneusement ouverte. Ensuite il fallut se frayer un chemin à travers un passage d'environ vingt-cinq pieds de long, dans lequel se trouvaient seize marches d'escalier. De même que la porte extérieure, celle qui conduisait aux chambres fut trouvée scellée et sur l'une et l'autre on pouvait relever la preuve qu'elles avaient été forcées et scellées à nouveau... Quand les fouilleurs entrèrent, ils eurent une vision extraordinaire, à laquelle ils ne pouvaient croire. C'étaient, tout d'abord, trois magnifiques lits d'apparat tout dorés, montrant des sculptures excellentes, têtes de Typhon [1], d'Hathor et de lion. Les bois de lit, bien sculptés, sont dorés, incrustés d'ivoire et de pierres semi-précieuses. Il y a aussi des coffres innombrables, d'un travail exquis. L'un d'entre eux est incrusté d'ébène et d'ivoire et porte des inscriptions dorées; un autre contient des

1. Plutôt de Thouéris, la déesse hippopotame.

emblèmes de l'autre monde; un troisième, magnifiquement décoré de scènes de chasse peintes, contient des robes, superbement brodées, des pierres précieuses et des sandales d'or.

» Il y a une chaise en ébène incrusté d'ivoire dont les pieds, ornés de têtes de canards, sont d'une sculpture délicate; une chaise d'enfant est d'un travail excellent. A côté d'un des lits, est le trône du roi Toutankhamon, probablement un des plus beaux objets d'art qu'on ait jamais découverts. Citons ensuite une chaise à dorure épaisse, ayant comme décors des portraits du roi et de la reine, faits en incrustations de turquoise, de cornaline, de lapis et d'autres pierres semi-précieuses.

» Deux statues du roi, de grandeur naturelle, en bois recouvert de bitume, sont disposées l'une en face de l'autre. Le roi, qui tient dans les mains un bâton et une massue d'or, a les traits fins, les pieds et les mains délicatement sculptés, des yeux de verre et la coiffure richement constellée de pierres.

» Quatre chars, dont la caisse est

incrustée de pierres semi-précieuses et de riches décorations d'or, sont là, démontés, et le tablier du conducteur, fait d'une peau de léopard, est encore accroché au siège.

» Signalons quelques admirables vases en albâtre, d'un dessin compliqué et nouveau, faits chacun d'une seule pièce et de beaux vases en faïence bleue. D'énormes provisions sont préparées pour le mort : canards troussés, pièces de venaison, etc., emballés dans des boîtes suivant la coutume de l'époque. Il y a également de remarquables guirlandes qui n'ont pas perdu toute leur coloration. Un des coffres contient des rouleaux de papyrus qui apporteront une foule d'informations.

» Une deuxième chambre révèle un état de confusion indescriptible. Ici les pièces de mobilier, les lits dorés, les délicieux coffrets, les vases d'albâtre, de même type que ceux de la première chambre, sont entassés les uns sur les autres, si étroitement serrés qu'il a été impossible d'avancer...

» Ce qui ajoute à l'importance de la

découverte, c'est qu'il reste encore une troisième chambre scellée et que semblent garder les deux statues royales. Il se peut que ce soit la tombe du roi Toutankhamon qui s'y trouverait enseveli avec des membres de la famille hérétique. »

Cette dépêche n'éveille-t-elle pas immédiatement à l'esprit le souvenir d'Aladin et du *Livre des Perles enfouies?* Et cependant, je suis persuadé que le correspondant du *Times*, qui n'est pas un spécialiste, n'a pu que soupçonner la véritable richesse de cette cachette royale. Elle contient certainement bien des objets que nous connaissons déjà par d'autres trouvailles; mais, c'est la première fois qu'ils nous sont fournis dans un ensemble permettant de se faire une idée d'un mobilier royal complet. En outre, il semble que, généralement, les meubles soient en bon état, tandis que d'autres tombes royales de la vallée, retrouvées après le passage des pillards, n'avaient livré que quelques fragments laissant à peine deviner la splendeur des objets intacts. On nous parle, ici, de robes magnifiquement brodées; la tombe de Thoutmès IV en avait fourni quelques petits fragments, lamentablement déchirés, mais encore suffisants pour faire reconnaître une merveilleuse technique. Nous pouvons espérer également voir quelques-uns de ces verres polychromes dont on recueille précieusement les plus petits morceaux, par exemple au tombeau d'Aménophis II. En revanche, il semble bien que les lits d'apparat soient entièrement nouveaux. Quant au trône royal, nous ne le connaissions que par les représentations figurées.

Tout cela serait d'une valeur incalculable s'il s'agissait de n'importe quel roi d'Égypte. Mais il y a gros à parier que si l'on avait demandé aux plus fins connaisseurs de l'art égyptien, quelle tombe royale ils souhaiteraient retrouver intacte, presque tous auraient choisi la tombe de Toutankhamon.

Ce roi, qui régnait vers 1350 avant J.-C., était un fils d'Aménophis III et c'est à lui qu'incomba la lourde tâche de renouer les traditions thébaines après la révolution religieuse de son frère aîné Aménophis IV.

Celui-ci, comme on le sait, avait abandonné. Thèbes et le culte d'Amon pour fonder une nouvelle capitale appelée : « l'Horizon du disque solaire », et que nous désignons maintenant sous le nom de Tell el Amarna. Le disque, Aton en égyptien, est devenu la seule divinité que doivent adorer les Égyptiens comme les peuples étrangers. La nécessité de construire la nouvelle capitale avec ses palais, ses temples, ses tombeaux, stimule l'activité et même le génie des artistes. L'art de la XVIIIe dynastie, qui s'était engagé lentement dans la voie d'une idéalisation bien différente du naturalisme des anciennes époques, avait atteint déjà sous le règne d'Aménophis III une perfection qu'il semblait difficile de dépasser. Les innovations audacieuses d'Aménophis IV, d'Ak-en-Aton (le Serviteur du disque), comme il s'appellera désormais, agissent comme un ferment nouveau et, sans libérer les artistes de toutes leurs traditions et de toute leur technique, les incitent à des expériences fécondes. Parfois ils tombent dans l'exagération, et nous dirions même dans la caricature; mais, d'autres fois, ils réalisent des merveilles. Les découvertes dans l'atelier du sculpteur Thoutmès à Tell el Amarna ont véritablement bouleversé tout ce que nous croyions connaître des réalisations artistiques de l'ancienne Égypte. Quand Toutankhamon renouera la chaîne brisée, ses artistes, sans oublier ce qu'ils ont appris pendant les vingt années du règne d'Ak-en-Aton, reviendront à plus de calme et de mesure et l'art égyptien, pendant un court espace de temps, produira des chefs-d'œuvre d'élégance et de distinction. Ce que je viens de dire du grand art s'applique exactement aux produits de l'art industriel et les pièces de mobilier de la seconde moitié de la XVIIIe dynastie se distinguent par une perfection technique et une élégance de formes dont seuls peuvent se faire une idée ceux qui ont examiné les originaux du musée du Caire. Certains croquis publiés dans les journaux sont incapables d'en donner le moindre soupçon et paraîtront le fruit de l'imagination d'un dessinateur tout à fait incompétent lorsqu'on pourra les comparer avec des photographies.

Je ne puis songer à raconter ici cette période, l'une des plus passionnantes de l'histoire. Elle nous est connue, non seulement par les documents indigènes, mais aussi par les textes, en écriture cunéiforme, sortis des archives de Tell el Amarna et de celles des rois hittites, à Boghaz-Keui, au nord de l'Asie Mineure. Ces documents précieux nous permettent d'entrevoir la complexité de la politique étrangère des Pharaons et nous renseignent sur les liens de mariage qui s'établissaient entre les souverains, les princes et les princesses d'Égypte et ceux de l'Asie Antérieure. Des filles de rois du Mitani, sur le cours supérieur de l'Euphrate, devenaient des reines d'Égypte et apportaient à la race des Pharaons un sang nouveau dont l'influence se faisait nettement sentir dans l'art. Il est temps qu'on cesse de se figurer les grands rois de la XVIIIe dynastie comme des métis de nègres.

Il suffira de dire que, lorsque Aménophis IV mourut, il ne laissait pas de fils pour lui succéder. On croyait jusqu'à ce jour que son successeur avait été Smenkh-ka-ra, son gendre. On nous dit maintenant que la cachette contient des pièces de mobilier funéraire dont les inscriptions indiqueraient que Smenkh-ka-ra, co-régent, serait mort ou aurait abandonné le trône en même temps que son beau-père. La succession revenait en ce cas au mari de la troisième fille d'Aménophis IV, la deuxième étant déjà morte. Toutankhaton monta donc sur le trône d'Égypte. Son nom signifie « la statue vivante d'Aton ». Pendant quelques années, le nouveau roi resta fidèle au culte instauré par son beau-père, qui était en même temps son frère, car Toutankhaton n'est pas un autre personnage que Toutankhamon. Mais il ne prendra ce dernier nom qu'à partir du moment où il aura décidé de revenir à Thèbes et de rétablir le dieu Amon dans tous les droits dont il avait été dépossédé. Sa femme suivra son exemple et transformera son nom Ankhes-n-Aton en celui de Ankhes-n-Amon. Une grande stèle retrouvée à Karnak raconte la manière dont Toutankhamon restaura le culte du dieu thébain. « Il a rendu de la vigueur, dit le texte, à ce qui était ruiné parmi les monuments éternels. Il a abattu les hérésies et la vérité a traversé la double terre. Il l'a rendue stable ; les choses nécessaires étaient dans un état déplorable, et le monde, comme à son origine, lorsque, pour lui, apparut Sa Majesté en roi de la Haute-Égypte. Les biens des dieux étaient dévastés depuis Éléphantine jusqu'au Delta, leurs sanctuaires allaient à la mâle heure et les champs à leur ruine. Les mauvaises herbes y poussaient. Leurs retraits étaient anéantis et leurs enclos sacrés, des chemins de piétons. Le monde était souillé ; les dieux manquaient et ne se souciaient plus de cette terre. Si l'on envoyait des messagers vers la côte de Phénicie pour élargir les frontières de l'Égypte, ils n'y pouvaient réussir aucunement. Si l'on recourait au dieu pour confier des choses à sa direction, il ne venait point, absolument. Si l'on invoquait la déesse, pareillement elle ne venait point, absolument. Leur cœur était dégoûté de leurs créatures ; ils détruisaient leurs œuvres. »

Mais alors, Toutankhamon paraît et son zèle de restaurateur est incomparable. Il fait à nouveau les images divines détruites, répare celles qui sont mutilées, reconstruit les temples, réorganise le personnel des prêtres et prophètes, purifie les esclaves sacrés qui avaient été employés à des fonctions profanes... [1].

On comprend maintenant ce que signifie l'indication des journaux d'après laquelle des objets de la cachette portent le nom du roi sous ses deux formes : Toutankhaton et Toutankhamon.

La prospérité rétablie en Égypte ne fut pas de longue durée et la mort du roi, survenue après un règne de quelques années, amena de graves difficultés. La jeune veuve écrivit au roi des Hittites pour le prier de lui envoyer un de ses fils comme époux. L'idée d'avoir un de ses enfants sur le trône des Pharaons ne déplaisait pas à ce prince, mais les archives de Boghaz-Keui, la capitale, ont conservé des témoi-

1. LEGRAIN G., *la Grande Stèle de Toutankhamon à Karnak*, dans le *Recueil de travaux relatifs à la philologie et à l'archéologie égyptiennes et assyriennes*, t. XXIX, 1907, pp. 162 à 175, avec planche.

gnages d'un véritable drame politique. Le prince hittite, à son arrivée dans la vallée du Nil, fut assassiné par des nobles Égyptiens et le trône d'Égypte fut alors occupé, pour peu de temps, par le Père Divin Ay, dont la femme avait été la nourrice de la reine Nefertiti, épouse d'Aménophis IV. La révolution du souverain de Tell el Amarna était décidément finie, la persécution de la mémoire du roi allait commencer.

Toutankhamon et Ay touchaient de près à la famille du pharaon hérétique et s'ils rétablissaient Amon dans ses droits et rendaient à la ville de Thèbes la splendeur qu'Aménophis IV voulait effacer, ils n'allaient pas, semble-t-il, jusqu'à des violences contre le dieu Aton et ses adorateurs. Horemheb, un général dont on connaît des monuments contemporains de la crise religieuse de Tell el Amarna, s'empare du pouvoir; quand il mourra, après un règne de peu d'années, l'Égypte passera sous le sceptre d'une nouvelle lignée de rois, les Ramessides.

Horemheb démolit les constructions qui

avaient été érigées à Thèbes en l'honneur d'Aton et les beaux blocs de calcaire, ornés de fins bas-reliefs, sont remployés pour constituer le noyau des deux pylônes ajoutés au temple de Karnak. Au cœur de la maçonnerie, on relève des inscriptions au nom d'Aménophis IV et de ses successeurs immédiats; l'exploration moderne pourrait y trouver des éléments précieux, malgré les effrayantes destructions faites par les soldats turcs dans cette partie de Karnak. Prisse d'Avennes écrit, dans des lettres de 1840, qu'il dut assister impuissant à cette dévastation qui se faisait à coups de mines.

Le nom de Toutankhamon fut soigneusement effacé et Horemheb le remplaça partout par le sien. Daressy a relevé des indices curieux à cet égard. Ils permettraient de croire que cette substitution de noms s'expliquerait par le fait que Toutankhamon, après être revenu à l'orthodoxie, aurait voulu sur le tard reprendre le culte du Disque.

C'est probablement à cette époque que les sépultures des rois hérétiques furent violées. Le désir de vengeance trouva son frein dans la terreur superstitieuse que les Égyptiens avaient à l'égard des âmes désincarnées. On allait bien jusqu'à priver les infidèles de la riche sépulture qu'ils s'étaient préparée. On n'osait pas, probablement, aller jusqu'à l'anéantissement de leur momie et la destruction de leur mobilier funéraire. C'est ce qui expliquerait la présence, dans la vallée de Biban el Molouk, des diverses cachettes citées précédemment. Davis a retrouvé des restes du mobilier d'Aménophis IV et de Tiyi, ainsi que plusieurs objets qui avaient incontestablement fait partie de la sépulture de Toutankhamon. Lorsque celui-ci fut dépossédé de sa tombe, on enferma son contenu dans une première cachette, qui est celle que l'on vient de découvrir. Le surplus a été déposé autre part; les jarres de terre, dans le puits dont il a été parlé ci-dessus. Peu de temps après, un hardi coquin, peut-être un des ouvriers qui avaient assisté au transfert, pénétra dans la cachette principale en brisant les scellés. Il semble bien que ces déprédations se soient limitées au vol d'objets dont la matière était particulièrement précieuse, par exemple des bijoux. Quand les inspecteurs de la nécropole constatèrent le méfait, ils réparèrent la fermeture des portes et apposèrent les nouveaux scellés que les fouilleurs ont trouvés intacts. On nous dit que cela fut fait au plus tard sous le règne d'Horemheb. Nous avons vu tout à l'heure comment la cachette fut alors ensevelie sous les déblais lors du creusement de la tombe de Ramsès VI.

Les explications qui viennent d'être données suffiront, je l'espère, à montrer l'importance de la découverte de lord Carnarvon, aussi bien au point de vue de l'art que de l'histoire de l'ancienne Égypte. Cette période est peut-être la plus intéressante de toutes et plus nous apprenons à la connaître, plus notre curiosité augmente. Nous voulons comprendre les causes des révolutions dont nous voudrions suivre pas à pas les péripéties. Nous pouvons avoir confiance dans l'expérience et l'habileté des fouilleurs. Ils sauront faire subir à tous ces objets, qui sont aujourd'hui d'une fragilité extrême, les traitements appropriés qui les rappelleront en quelque sorte à la vie. Ils n'auront pas cette lamentable déconvenue de certains explorateurs plus anciens qui ont vu des objets merveilleux s'évanouir sous leurs yeux et tomber en poussière au premier attouchement. Comme un entomologiste habile réussit à rendre aux ailes d'un papillon desséché toute leur souplesse pour étaler à nos yeux leur parure somptueuse, qu'un souffle maladroit suffit à détruire, ils restitueront aux rouleaux de papyrus enfermés dans une des caisses, l'humidité nécessaire pour permettre de les dérouler et de lire ce que les scribes d'il y a trente-quatre siècles y ont écrit de leur pinceau délié.

Cette caisse de papyrus est peut-être ce que la tombe contient de plus précieux[1]. Certes, nous devons nous attendre à ce que la majeure partie des écrits appartienne à la littérature religieuse. L'un des rou-

1. Malheureusement ce que, dans la hâte du premier jour, on avait pris pour des papyrus, n'étaient que des étoffes. On peut espérer en découvrir cependant dans un des nombreux coffres encore scellés ou dans le sarcophage.

leaux sera vraisemblablement un livre des Morts orné de vignettes et je ne crois pas que jusqu'à présent nous en possédions qui aient appartenu à des rois. Il est probable qu'on trouvera aussi des exemplaires de ces mystérieux écrits de géographie infernale désignés sous les noms de : *Livre de connaître ce qu'il y a dans la Tuat (l'autre monde), Livre des Portes, Livre des Cavernes*. Mais nous savons que la coutume était de mettre parfois dans les tombeaux des livres de lecture pour que le mort pût se récréer en compagnie de ses auteurs favoris. Cela nous permet de compter sur l'un ou l'autre rouleau qui nous donnerait des écrits nouveaux, ou simplement, ce qui serait déjà très précieux, un meilleur exemplaire d'un des classiques dont nous ne posséderions jusqu'à présent que des copies d'écolier pleines d'incorrections.

Mais nous avons le droit d'attendre davantage. Le British Museum possède un document connu sous le nom de Grand Papyrus Harris. C'est, comme on l'a dit, une sorte de passeport que Ramsès III avait fait déposer dans sa tombe, afin de se préparer un accueil favorable parmi les dieux de l'autre monde.

L'ouvrage comprend le relevé statistique de la fortune des temples de l'Égypte, telle qu'elle a été confirmée et accrue par la piété du roi. Après avoir ainsi montré successivement pour Thèbes, pour Héliopolis, pour Memphis et pour les villes moins importantes, sa fidélité à protéger les biens des dieux, Ramsès III termine par un résumé, assez copieux cependant, des principaux événements de son règne; il remonte même jusqu'à la période d'anarchie qui avait précédé l'avènement de son père. Faut-il croire que ce document constituait une innovation dans les rites funéraires? Il est plus vraisemblable que chacun des rois du Nouvel Empire désirait avoir à sa disposition devant le tribunal divin un témoignage précis de sa générosité pour les temples et, en général, de la manière dont il avait rempli ses fonctions sur le trône hérité des dieux mêmes.

Si, en plus de ses trésors d'art, la cachette de Toutankhamon nous apportait pour la fin de la XVIIIe dynastie des lumières équivalentes à celles que nous a fournies le papyrus Harris pour le commencement de la XXe, nous pourrions dresser un état comparatif de la fortune des temples à ces deux périodes de l'histoire égyptienne. Ce serait d'une importance capitale et la postérité ne manquerait pas de confirmer ce que les premières dépêches osaient dire dans l'enthousiasme de la révélation, que c'est vraiment la plus importante découverte archéologique des temps modernes.

CHAPITRE DEUXIÈME

Lettres de Louxor.

I

18 février 1923.

JE rentre à l'instant de Biban el Molouk. Mes pensées sont si tumultueuses
que j'ai peine à les ordonner et à exprimer
ce que je ressens.

Je voudrais dire tout d'abord l'immen-
sité de la dette que les nations civilisées
devront reconnaître à l'égard de lord
Carnarvon et Howard Carter; leurs deux
noms restent indissolublement attachés à
la plus grande découverte archéologique
dont l'humanité ait gardé le souvenir.
Je voudrais que tout le monde pût comprendre ce qu'il a fallu d'abnégation, de
générosité pour entreprendre et pour-
suivre les travaux systématiques de déblaiement qui seuls ont réalisé ce miracle
de retrouver, intacte, une tombe royale
si bien protégée que les pillards n'ont
pu l'atteindre malgré les trente-quatre
siècles, pendant lesquels la chasse aux
trésors n'a pas été interrompue un seul
jour. La cupidité et l'ignorance s'étaient

coalisées pour empêcher que la postérité ne connût réellement la gloire de la civilisation pharaonique.

Voilà un siècle que Champollion a découvert la clef qui devait permettre d'ouvrir le trésor et depuis lors les égyptologues avaient étudié, puis perfectionné la manière de s'en servir... mais on pouvait craindre que le trésor ne fût déjà vidé. Carnarvon et Carter viennent de l'ouvrir et il est intact. Que dire alors des attaques haineuses et malhonnêtes dont ces deux hommes sont l'objet en ce moment? Afin de renseigner rapidement et exactement le public sur leur immense découverte, ils se sont délivrés du souci de rédiger des communiqués, chargeant de ce soin le plus grand journal du monde. Voilà leur crime! Il est regrettable qu'on néglige de nous dire quels seraient les mobiles désintéressés qui inspirent la campagne de ceux qui reprochent à lord Carnarvon de transformer son inoubliable découverte en « exploitation commerciale », comme on ose l'écrire!

Ces attaques sont abominables; d'autres

sont simplement risibles. Certaines personnes sont prises de pitié pour le malheu-
reux destin du pauvre roi Toutankhamon,
qui se voit troublé dans son repos sécu-
laire par la curiosité des archéologues.
A les entendre, il faudrait au plus tôt
rétablir les murs de protection derrière
lesquels il avait échappé à tous les chercheurs de trésors. Je suis prêt à admettre
que si cette tombe n'apportait rien d'inconnu au monde, il serait inutile de
l'explorer et d'étudier minutieusement
tout son contenu. Mais on a dit que le
privilège de l'homme sur la brute était de
conserver le souvenir de son passé. Or, en
ce moment, la splendeur d'un passé,
d'abord complètement aboli, puis ressuscité d'une manière incertaine, apparaît à
à nos yeux éblouis. Il faudrait autre chose
que des gémissements de neurasthéniques
ou de toqués pour me convaincre que
les égyptologues violent le secret de la
mort, d'une main sacrilège. De nombreux
textes funéraires de l'ancienne Égypte
témoignent du souci qu'avaient les défunts
de voir la postérité « faire vivre leur nom »;

on y affirme que « celui-là vit dont on proclame le nom ». Il y a quelques semaines, Toutankhamon était totalement oublié, en dehors du petit cercle de spécialistes ; aujourd'hui il est connu du monde entier. Les Égyptiens faisaient volontiers appel à ceux qui lisaient leurs stèles ; ils les invitaient à réciter les formules assurant aux morts tous les biens de l'au-delà. Plus personne depuis longtemps n'avait lu les formules rédigées pour le roi de la XVIIIᵉ dynastie. Après des siècles, des barbares sont sortis des régions lointaines pour lesquelles la géographie pharaonique n'avait pas encore de termes et ils viennent lire les prières qui sont capables, selon la croyance des anciens, de rendre à l'esprit du mort désincarné une vie réelle et bienheureuse. Voilà, peut-être, de quoi rassurer les âmes sensibles sur les sentiments avec lesquels Toutankhamon nous voit entrer dans son tombeau.

Je ne décrirai pas la première chambre où les deux grandes statues semblaient garder le mur intact qui portait encore les sceaux royaux. Aujourd'hui le mur est tombé, il n'en reste qu'un « témoin » à la partie de gauche. Tout l'espace ouvert est, en quelque sorte, bloqué par un immense panneau qui scintille. On ne voit au premier instant que de l'or et ce merveilleux bleu égyptien qui s'allie si harmonieusement avec l'or. C'est le catafalque royal qui remplit toute la chambre; j'ai compris plus clairement que jamais pourquoi dans les textes égyptiens, la salle qui renfermait le sarcophage s'appelait « la salle d'or ». Il y a, dit-on, cinq édicules emboîtés les uns dans les autres au milieu desquels repose, sans aucun doute, la momie royale, enfermée dans un sarcophage. On se demande par quel tour de force on a pu monter ces gigantesques panneaux, sur lesquels des signes à l'encre donnent des indications destinées à faciliter les assemblages. Mais, entre le mur, sur lequel on entrevoit des peintures assez sommairement faites, et le catafalque, il y a un espace où les personnes de corpulence moyenne peuvent se glisser à peine. Me voilà devant les portes closes, munies encore de leurs verrous antiques : elles étaient entr'ouvertes au moment où Carter entra ; derrière elles il vit les portes suivantes encore scellées. Quelques pas me conduisent à l'extrémité de la chambre où, entre le mur et le sarcophage, sont déposées des rames ayant peut-être servi à manœuvrer le bateau qui fit passer le Nil à la dépouille royale. En ce moment, mon guide, qui est Mace, du Metropolitan Museum de New-York, me dit de me retourner. Je ne puis retenir un cri et maintenant encore, j'ai la gorge serrée de l'émotion qui me saisit à la vue de ce que j'avais sous les yeux.

Une porte coupée assez bas dans le rocher donne accès à une chambre de dimensions moyennes et qui est remplie de tous les objets qui y ont été déposés il y a trente-cinq siècles. Personne n'est entré ici, aucun pillard n'y a fait un rapide butin, ni déplacé une seule pièce. C'est un de ces moments où l'on essaie de tout saisir d'un coup d'œil, comme si on allait mourir et que la seule minute présente fût la dernière qui me fût encore accordée. J'ai tout vu et maintenant que je suis

sorti du caveau, il me semble que je n'ai
rien vu et que des heures entières seraient
indispensables pour comprendre ce qui
a retenu mes regards pendant ces quelques
secondes. A peu près tout ce que nous
avions en fait d'art industriel égyptien
n'était que de la pacotille, de la camelote,
bonne à satisfaire la vanité de gens qui
voulaient avoir dans leur tombeau un
reflet de la splendeur royale. Seuls quelques meubles des beaux-parents d'Aménophis III approchent de ce que l'on trouve
ici. Au centre est une caisse carrée aux
formes élégantes et qui est gardée, ou
mieux protégée par quatre délicieuses
figures de déesses qui étendent leurs bras
d'un mouvement gracieux. Il se peut que
ce soit la boîte contenant les vases où
étaient conservés les viscères du roi. On
le saura plus tard, lorsqu'on pourra bri-
ser les sceaux encore intacts. Combien
de coffres, de petits tabernacles sont pour
nous pleins de surprises; c'est le mystère
qui ne pourra se dissiper que lentement.
La responsabilité des fouilleurs à l'égard
de la conservation des pièces est si lourde

que les nerfs des curieux seront à rude épreuve pendant des mois, sinon des années : on dira tout ce que contenait la tombe, mais ce sera comme « au compte-gouttes ». J'ai vu des boîtes si belles que je ne saurais les décrire, un char encore, de nombreux modèles de bateaux qui copient la flotte royale, et tant d'autres choses que les fouilleurs dégageront les unes après les autres, pour notre émerveillement et pour notre modestie. Nous croyons trop facilement que nous, les derniers nés de la civilisation, nous pouvons regarder en arrière avec le dédain de parvenus pour leurs ancêtres plus simples et plus modestes. Dans la tombe de Toutankhamon on sent, mieux que nulle part ailleurs, que tout est recommencement, que les forces de décadence agissent souvent avec autant de vigueur que les forces de progrès. En un temps où notre civilisation chancelle, tout notre respect est dû à ces géants qui avaient atteint et gardé si longtemps les hauts sommets.

II

19 février 1923.

Il y a quelques jours à peine, je regardais dans le *Times* l'impressionnante photographie montrant dans l'antichambre de Toutankhamon les deux statues royales qui semblaient garder un trésor caché derrière la porte murée. Les sceaux étaient intacts, il était certain qu'aucun voleur n'était jamais entré dans la chambre où, sans doute, devait se trouver la momie de Toutankhamon. Je rêvais au bonheur de ceux qui, là-bas, dans le Biban el Molouk, seraient les témoins de l'ouverture de cette cachette, la seule peut-être que la montagne thébaine ait réussi à préserver de toute dévastation sacrilège. On sait par quel coup de baguette magique, par l'intervention de quel génie bienfaisant, j'ai été transporté de Bruxelles à Louxor avec une telle rapidité que je puis à peine croire à la réalité de tout ce qui se déroule sous mes yeux.

Toute la journée de vendredi s'était passée pour les fouilleurs aux préparatifs longs et difficiles de l'entrée dans le caveau.

Le mur qui bloquait la porte n'était pas fait de briques mais bien de débris de roc pris dans un mortier résistant. Il s'agissait de sauver le plus grand nombre possible d'empreintes de sceaux laissées sur le mortier, d'éviter de faire tomber aucune pierre à l'intérieur de la chambre. Il fallut des heures de travail, mais enfin on vit assez pour se rendre compte des dangers que présenterait l'entrée officielle, fixée à dimanche. Les questions d'éclairage et de circulation dans la tombe paraissent simples à première vue, leur solution était ardue et compliquée. Le meilleur éloge qu'on puisse faire de l'habileté de Carter et de ses collaborateurs est de dire qu'ils ont si bien réussi qu'on ne pense plus maintenant aux difficultés tant elles ont été élégamment tournées ou supprimées.

Je ne crois pas qu'il soit bien nécessaire de décrire ce que j'appellerais volontiers le côté solennel de la visite; les dépêches envoyées aux journaux en auront dit assez pour satisfaire toutes les curiosités. Lord Carnarvon et Howard Carter font entrer la Reine, qui contemple la première

Autour de la tombe le 18 février 1923.   (Cliché de M. Pollinet.)

Au sortir du tombeau le 18 février 1923.

(Cliché de M. Pollinet.)

ce spectacle unique. Le prince Léopold les rejoint quelques instants après et tandis qu'ils s'émerveillent de la beauté autant que de la rareté du mobilier funéraire de Toutankhamon, j'attends patiemment que mon tour soit venu. Je suis là debout, entre les grandes statues, réellement très belles malgré le caractère étrange qu'elles ont pris par la couche de bitume dont on les a autrefois revêtues. Devant moi, par la baie largement ouverte, et à quelques centimètres seulement du mur, s'étend un panneau gigantesque tout couvert d'or et orné d'incrustations en pâtes d'émail bleu. Les dieux de l'autre monde, affirme un texte qui s'étale sous mes yeux, souhaitent la bienvenue au roi Toutankhamon. Toutes les hésitations disparaissent ; il s'agit bien du tombeau du roi et, cachée dans les flancs d'un catafalque, enfermée dans son sarcophage, repose certainement la momie du souverain. Sur les murs, dont une faible partie seulement est apparente, il y a des peintures funéraires, d'un caractère assez sommaire. Je suis surpris de me sentir si calme et sans impatience.

J'échange quelques remarques avec Pierre Lacau, le directeur du Service des Antiquités de l'Égypte, et Mace, du Metropolitan Museum de New-York. « A vous maintenant ! » Mace me guide ; il me montre comment il faut d'abord s'asseoir au seuil de la chambre, dont le sol est à un niveau inférieur, et ensuite se glisser entre le mur et la paroi du naos ou catafalque, dont l'angle a été habilement protégé par une pièce de bois, sans laquelle il serait dangereux de permettre à quiconque d'entrer dans la tombe.

On n'est pas surpris de constater qu'il y fait clair, bien qu'on se trouve dans les entrailles de la montagne. Les ampoules électriques sont si bien dissimulées que c'est comme si une lumière mystérieuse émanait des choses, ainsi qu'on le raconte dans un roman égyptien. On y dit qu'un écrit magique renfermé dans une tombe l'éclairait comme si le soleil s'y trouvait.

Les portes du catafalque sont fermées. Carter les avait trouvées entre-bâillées vendredi, ce qui permit de constater que cette espèce de chapelle contenant la momie a des enveloppes successives. Ce sont plusieurs catafalques enfermés les uns dans les autres. Je regarde rapidement les décorations, les inscriptions bleu et or et je suis surpris encore plus que tout à l'heure de la dimension considérable de ces panneaux assemblés dans cette chambre, qui en est quasi remplie.

Vers la droite s'ouvre une porte basse. Au moment où je jette les yeux de ce côté, je pousse un cri et je crois bien que je dois avoir battu des mains. Mais aussi, c'est tellement incroyable, cela dépasse tant l'idée que je m'en étais faite par les récits de lord Carnarvon et Pierre Lacau, dès vendredi soir ! « Ce qu'on a vu dans la première chambre n'est rien en comparaison du contenu de la tombe, » disaient-ils. J'étais donc averti et cependant la réalité surpassait mon attente. Depuis trente-cinq siècles, ... répétais-je en moi-même, plus personne n'est entré ici, aucune respiration humaine n'est venue troubler l'immobilité de l'atmosphère ; ici tout restait identique tandis qu'au dehors les empires croulaient, les civilisations disparaissaient, les migrations déplaçaient l'habitat des races, des langues mouraient entièrement, des religions perdaient leurs derniers adorateurs. Dans la tombe close, la vie même était abolie, car sans cela tous ces objets seraient morts aussi, et réduits en poussière ou en boue. Dans la hâte des funérailles, des objets ont été empilés, presque jetés les uns sur les autres dans un équilibre instable. Ils sont restés ainsi pendant trois mille cinq cents ans et d'ici quelques jours Carter et ses collaborateurs vont les reprendre en mains, avec des soins infinis, les faisant rentrer dans le cycle de vie suspendu depuis le jour de l'enterrement de Toutankhamon. Dirai-je que ces pensées m'occupent plus que toute chose et que j'oublie de regarder? Ah non! et je crois bien avoir cherché à tout saisir en un instant. Je songe à cet épisode de Michel Strogoff qui m'a frappé lorsque j'étais enfant. On va dans un instant aveugler le héros en passant devant ses yeux la lame rougie d'un sabre et son bourreau lui dit : « Regarde de tous tes yeux, regarde. » Je sais que je n'ai qu'un

court moment à ma disposition, car des
hôtes illustres de lord Carnarvon attendent que je sois sorti du tombeau pour y
pénétrer à leur tour. Si grand est le privilège qui m'est accordé que je ne puis avoir
l'air d'en abuser. Je saurai plus tard tout
ce qu'il y a dans la petite chambre, j'en
lirai les inventaires et je pourrai étudier
à loisir le contenu mystérieux de tous
ces coffres scellés. Ce qui ne reviendra
plus jamais, c'est cette minute fugitive où
tout était encore intact et où l'on pouvait
croire, non plus que les siècles s'étaient
écoulés mais que, par un prodige inouï,
nous avions remonté le cours des âges pour
vivre de la vie d'un porteur de mobilier
funéraire déposant dans la tombe les
offrandes du pharaon défunt. C'est sans
regret que je me suis dirigé vers la première chambre, puis vers l'extérieur, où
les photographes et les opérateurs de
cinéma rappelaient brutalement que nous
étions au XXe siècle après Jésus-Christ.

III.

20 février 1923.

Au fond, toute cette affaire de Tout-ankhamon, qui passionne le monde, doit surtout terriblement « embêter » le roi Horemheb !

Le général d'Aménophis IV détestait cordialement l'ancien régime, puisqu'il l'avait culbuté et installé son trône sur les ruines accumulées par les troubles religieux et politiques qui avaient marqué le règne d'Aménophis IV et de ses successeurs.

Quand on connaît Thèbes, j'entends la Thèbes de la XVIIIe dynastie, quand on sait ce que représentaient la puissance d'Amon et les forces religieuses et sociales sur lesquelles s'appuyait l'État, dont ce dieu était le maître absolu représenté sur terre par le Pharaon, on est effrayé de l'audace d'Aménophis IV qui, un beau jour, rêve de jeter bas tout cet édifice et de construire à nouveau. Le plus extraordinaire c'est qu'il réussit, au moins pour un temps. Et pendant près de vingt années Thèbes est délaissée; les temples abandonnés, les images divines mutilées, le nom d'Amon effacé dans les inscriptions, fussent-elles gravées au fond de tombeaux ou au sommet des obélisques et des pyramides.

Dans la nouvelle capitale de Tell el Amarna, Aménophis IV construit des palais, des temples, fait creuser dans la montagne toute une nécropole tandis qu'on ne célèbre plus que le dieu incorporé dans le disque solaire, seule divinité qui doit suffire aux Égyptiens comme aux étrangers.

Mais aussi l'empire des rois de Thèbes, maîtres de l'Asie jusqu'aux rives de l'Euphrate et qui recevait les tributs de tous les rois voisins, voit sa puissance chanceler. Le Mitani, qui avait donné des reines et des mères de rois à l'Égypte, est écrasé entre ses puissants rivaux, l'Assyrie et le royaume des Hittites; la Syrie et la Palestine, hier encore provinces soumises et pacifiées, sont agitées de troubles profonds et bientôt les pharaons vont devoir s'incliner devant la puissance des vaincus d'hier.

Aménophis IV mort, après le règne éphémère d'un de ses gendres, Smenkara, Toutankhamon, qui avait épousé la troisième fille du roi, lui succède. Il semble qu'il n'ait régné que six années, mais ces années furent remplies de travaux importants. Quelles influences agirent sur lui? Nous l'ignorons. En tous cas, il décide de restaurer ce que son beau-père avait détruit; dans une grande stèle découverte à Karnak, il nous raconte dans quel état il avait trouvé les temples d'Amon et ce qu'il fit pour leur rendre leur splendeur.

A Louxor, où Aménophis III n'avait pu achever la décoration de la grande colonnade, il fait graver des reliefs qui, malgré leur état de destruction, révèlent un art supérieur. Toutankhamon y avait fait représenter la cérémonie qui se célébrait annuellement lors de la visite d'Amon sorti de Karnak, pour venir résider quelques heures à Louxor. C'est tout le rituel de la fête qui se déroulait sur les murs avec la pompe rétablie par le roi réparateur.

Les statues d'Amon avaient été brisées. On les refait, ou lorsque la chose est pos-

Lord Carnarvon et Howard Carter à proximité du tombeau de Toutankhamon.

(Cliché de S. M. la Reine Élisabeth.)

L'Amon de Toutankhamon dans le temple
de Karnak.

(Cliché de l'auteur.)

sible, on les restaure par des pièces soigneusement assemblées, comme le prouve, par exemple, notre beau morceau du musée de Bruxelles. Quoi de plus naturel que de donner au dieu les traits de roi dont le nom signifie en égyptien « la statue vivante d'Amon »? Nous devons à notre roi quelques effigies divines d'une pureté et d'une élégance rare, par exemple le Khonsou du Musée du Caire ou l'Amon récemment entré au Musée du Louvre. Au cœur de Karnak, à deux pas de ce qu'on appelle le reposoir des barques, on voit encore, à la place où Legrain les a retrouvés, les restes des statues d'Amon et d'Amonit. L'Amon est une pure merveille.

Il semble que le roi fit encore travailler à la décoration du temple commencé par Aménophis IV et qui était consacré au disque solaire.

Mais comme je viens de le dire, Toutankhamon ne règne que peu de temps et après le règne éphémère du Père divin Ay, Horemheb s'empare du pouvoir. Il a mis un soin et une malice particuliers à faire disparaître de la mémoire des hommes le souvenir de Toutankhamon. A Louxor, dans la colonnade, les reliefs sont remaniés afin de remplacer le nom de Toutankhamon par celui d'Horemheb; les statues divines sont usurpées et les cartouches contenant les noms effacés sont surchargés. Parfois, comme sur la statue du Louvre, on se hâte tellement dans l'œuvre de falsification des textes dédicatoires qu'on oublie heureusement quelques signes à une place peu visible où ils échappent au marteau de l'ouvrier chargé du travail. Quant aux beaux blocs sculptés du temple du disque, on les emploie pour faire la maçonnerie intérieure des deux pylônes qu'Horemheb fait construire au temple d'Amon de Karnak. Sur la stèle où le roi se vantait si fièrement d'avoir restauré le culte d'Amon, on se livre à la même fraude et Horemheb essaie de s'attribuer le mérite d'avoir, comme le dit le texte original, retiré le monde d'un nouveau chaos.

Toutankhamon est maudit, et sa mémoire doit disparaître, il ne faut plus que les générations futures prononcent son nom et le « fassent vivre » de la sorte pour l'éternité.

Voilà pourquoi, ainsi que je le disais au commencement, Horemheb doit être bien vexé de la découverte, par Carnarvon et Carter, de la tombe de son rival. Il y a quelques années, Davis a trouvé le tombeau d'Horemheb, pillé dans l'antiquité et vidé à peu près de tout son contenu. Toutankhamon est bien vengé et il me semble qu'il doit en savoir un gré infini aux égyptologues qui ont ainsi ressuscité sa mémoire.

IV

21 février 1923.

Aujourd'hui j'ai pu visiter « le laboratoire », ainsi qu'on appelle la tombe du roi Séti II où ont été emmagasinés les objets sortis de l'antichambre de Toutankhamon. Là, les experts, MM. Lucas et Mace, donnent à chaque pièce le traitement approprié qui en assurera la conservation.

La première chose qui frappe la vue, avant même d'entrer, est le trône royal, décrit déjà plusieurs fois en le désignant comme le plus bel objet d'art ancien connu. Je veux essayer d'en donner une idée mais c'est fort difficile et je crains de ne pas réussir. Quand on est en présence de l'original, il suffit d'un coup d'œil pour en saisir toute la perfection et c'est en hésitant qu'on attire l'attention sur l'un ou l'autre détail. Le meuble présente une forme bien connue depuis longtemps par les trônes des statues ou les représentations en relief ou en peinture. Le siège est soutenu par deux figures de lions, amincis et étirés, mais dont les proportions ont été si bien appropriées à leur destination qu'on est surtout frappé de l'élégance et de la nervosité du travail.

Très logiquement, les pieds ont par devant la forme de pattes de devant, derrière c'est l'arrière-train de l'animal. En avant, à la hauteur du siège, sont deux têtes sculptées avec une science impeccable et où les caractères des félins sont synthétisés avec une sûreté merveilleuse. A droite et à gauche, deux grands serpents, la tête surmontée des couronnes de haute et basse Égypte, développent largement les replis de leur corps sinueux de manière à couvrir de leur protection magique, le roi assis sur son trône et à réduire en cendres, s'il le fallait, les ennemis assez audacieux pour discuter son pouvoir absolu.

Le dossier est renforcé par derrière au moyen d'un assemblage bien calculé pour assurer la solidité du meuble sans nuire à l'élégance générale de la forme. Il est décoré d'une scène infiniment gracieuse. Au sommet plane le disque solaire; ce n'est pas ce disque que les yeux rencontrent partout dans les monuments égyptiens et qui traverse le ciel, soutenu par des ailes d'oiseau largement étalées, c'est le soleil à la manière d'Aménophis IV, figuré par un disque d'où s'échappent des rayons terminés par des mains. Celles-ci sont animées, puisque, suivant le cas, elles saisissent les offrandes, distribuent les signes de vie ou caressent le roi et les membres de sa famille. En un mot, c'est le soleil de Tell el Amarna, le symbole, dirions-nous volontiers, de l'hérésie et de la lutte contre les divinités de Thèbes.

Sous les rayons bienfaisants de l'astre-dieu, Toutankhamon est assis sur un riche fauteuil. Il n'a pas l'attitude, solennelle et pleine de dignité, ordinaire aux figures royales; il a pris une pose nonchalante, un bras appuyé sur le dossier de son siège. La reine, qui est debout devant lui, semble lui parler et esquisse un geste de caresse. Sur un léger support est déposé un collier et l'ensemble de la scène, encadrée par l'image de deux gros bouquets, suggère bien plus l'intimité des appartements royaux que la solennité des salles de réception et d'apparat. C'est ce

qui me permet de douter de l'expression
de « trône royal ». On s'attendrait plutôt
à y voir des représentations de la puissance
du roi et de ses victoires sur les ennemis
de l'Égypte.

Quoi qu'il en soit, on est stupéfait de
constater la richesse de ce fauteuil, étin-
celant d'or, d'argent, de pâtes multico-
lores. Nous connaissons des bijoux, surtout des pectoraux, ayant appartenu à des
reines ou à des princesses et qui sont faits
de cloisons d'or dans lesquelles ont été
insérées avec une parfaite minutie de
petites pièces de pierres colorées ou de
pâtes émaillées formant par leur juxta-
position de véritables tableaux. On aurait
difficilement pensé, avant la découverte
du fauteuil de Toutankhamon, que les
ouvriers d'art égyptien avaient transporté
la même technique à la décoration de
meubles entiers. Le tableau du dossier
est fait d'or, d'argent, de pâtes vitrifiées.
Chaque détail des vêtements ou des
chairs a reçu une teinte appropriée. Les
visages sont même modelés dans la pâte
de couleur. Le collier, placé sur une sellette,

ou les bijoux portés par le couple royal,
sont exécutés avec une finesse qui sup-
porte l'examen à la loupe. Tout est beau,
tout est parfait et cependant ce déploie-
ment de richesse et de matières précieuses
n'a rien d'exagéré. Combien de siècles
d'expérience professionnelle a-t-il fallu
pour que les ouvriers de Tell el Amarna
ou de Thèbes aient pu produire une œuvre
où rien ne sente le faux luxe et le clinquant.
Ce n'est pas ici que Champollion aurait
écrit comme il le faisait devant les temples
de basse époque : « On a fait riche parce
qu'on ne savait plus faire beau. » Il est
possible que le fauteuil ait été exécuté, en
majeure partie au moins, du temps où
Toutankhamon, qui s'appelait encore
Toutankhaton, résidait à Tell el Amarna.
Le disque solaire permet de le soupçonner,
comme le fait que les cartouches royaux
ont été l'objet d'une transformation pour
les adapter au nom du roi, revenu au culte
d'Amon.

Mais je m'aperçois que j'ai parlé si
longuement de ce premier objet qu'il
me serait difficile de décrire les autres.

Il faudrait d'ailleurs se livrer pour cela à un travail d'inventaire qui pourrait sembler une indiscrétion devant les droits évidents des fouilleurs.

Je me bornerai à signaler encore un coffret de bois recouvert d'or et la grande caisse peinte.

Le coffret contenait vraisemblablement deux statues du roi et de la reine, et c'est grand dommage qu'elles aient été enlevées par les pillards. A en juger par les scènes qui décorent les panneaux, ce devaient être des statues intimes, si je puis dire, et qui n'avaient aucun caractère de solennité. En effet, les côtés et les revers du coffret sont couverts de charmantes scènes. Il y a là une série de petits tableaux « de genre » empruntés à la vie familière de la cour. Le roi et la reine, tendrement enlacés, se promènent nonchalamment ; la reine attache gentiment un collier au cou de son mari. Plus loin, les deux époux sont allés chasser dans les fourrés bordant les lacs de plaisance de la résidence royale. Quoi de plus joli que cette scène où le pharaon, assis sur un tabouret, s'amuse à percer de flèches les oiseaux qui s'envolent au-dessus d'un bouquet de papyrus? La reine suivant des yeux les flèches lancées d'une main habile par son époux, semble participer à l'ardeur du plaisir sportif. Elle est assise aux pieds du roi, sur un coussin, et je ne saurais oublier la grâce avec laquelle elle se retourne pour lui tendre une nouvelle flèche.

La caisse peinte est, elle aussi, une pure merveille et, pour le moment, je la considère comme le document le plus important que nous possédions de la peinture égyptienne. Le thème décoratif du couvercle, seule partie que j'aie pu voir, la caisse étant déjà emballée, est connu par des monuments d'époques diverses. Le roi est sur son char et il chasse des lions, des antilopes, des ânes sauvages, etc. Mais ce qui est nouveau, c'est l'inimitable perfection de ces panneaux, qui rappellent, pour la sûreté et la précision de leur exécution, les miniatures persanes. Je m'en voudrais d'essayer de décrire trop minutieusement et de mémoire ces scènes qui me hantent depuis que je les ai vues. Mais je crois devoir insister sur les représentations de lions et de lionnes blessés.

Sur les murs du temple de Ramsès III à Médinet Habou, on admire, à juste titre, la chasse aux lions. J'ai eu l'occasion de la revoir ces jours derniers : elle m'a paru la caricature de la boîte de Toutankhamon. Comprend-on l'impression que ressent celui qui a étudié l'art égyptien et qui s'aperçoit tout à coup qu'il ne connaissait que des copies de second ordre, le jour où il se trouve devant un incontestable chef-d'œuvre? Et ce sera un sujet de gloire pour l'Égypte qu'il faudra déterminer jusqu'à quel point les admirables chasses d'Assurbanipal, au British Museum, ont été inspirées par des modèles égyptiens. Les tableaux de Ramsès III me l'avaient fait soupçonner; après avoir vu les peintures de Toutankhamon je n'ai plus d'hésitation. De plus en plus, on reconnaîtra que l'Égypte, mère de la civilisation, est également l'inspiratrice de l'art dans tout le monde antique.

V

28 février 1923.

Le 18 nous avons assisté à l'ouverture du caveau de Toutankhamon ; huit jours après, le 25, nous y sommes retournés pour aller le voir une derrière fois avant qu'on le referme pour de nombreux mois. N'est-ce pas extraordinaire que cette découverte soit si riche : les heureux fouilleurs ne savent comment faire pour inventorier leurs trésors et se voient contraints de les enterrer à nouveau pour les mettre à l'abri pendant qu'ils traiteront les objets sortis déjà de l'antichambre ?

Nous sommes redescendus dans les salles creusées dans le roc et de nouveau lord Carnarvon et Carter nous ont permis de contempler le spectacle incomparable. Comment apprécier la maîtrise que ces hommes ont sur leurs nerfs pour refréner la curiosité si naturelle de déterminer le contenu de tous ces coffres encore scellés ? Il serait si facile de couper délicatement les liens qui retiennent le bouton de fermeture et dès lors les battants des portes tourneraient sur leurs gonds, et on saurait ce que renferment ces petits tabernacles, dont un seul, entr'ouvert, laisse voir deux statues de roi représenté debout sur un léopard.

La Reine, lors de sa première visite, a vu l'éventail du roi, placé dans une boîte dont le couvercle, heureusement, n'était pas scellé. Nous sommes descendus cette fois avec Carter. Après quelques instants de contemplation, lord Carnarvon et M. Callender nous rejoignent et je me retire car l'espace est si étroit qu'on redoute toujours de détériorer le catafalque. Quelques brefs instants de travail suffisent pour enlever des poutres de bois disposées devant les portes de celui-ci. De l'anti-chambre où je suis remonté, je puis voir, grâce au jeu de la lumière, qu'on a ouvert un des battants de la porte. Tout le monde à l'intérieur parle à voix basse, tant l'émotion est vive. C'est un nouveau mystère qui se dévoile ! Après quelques instants, la Reine sort, et je puis à peine croire à mon bonheur quand on m'invite à redescendre, avec la comtesse de Caraman-Chimay, pour aller jeter un coup d'œil

dans l'intérieur du premier catafalque.
Mes regards vont tout de suite au point
central, là où se trouvent d'autres portes encore fermées et scellées et derrière
lesquelles nous attendent des trésors
nouveaux et de plus en plus imprévus
peut-être. L'intérieur est également doré,
avec des figures de divinités et des inscriptions. Tout l'espace laissé entre les
deux édicules emboîtés l'un dans l'autre
est littéralement « farci » d'objets d'art
de toute espèce, vases d'albâtre aux
formes ingénieuses et différents de ceux
déjà connus, vases dont le couvercle
est surmonté de la figure d'un lionceau,
coffrets incrustés, sceptres, massues, insignes royaux, etc. Un grand châssis, dont
les montants et les traverses déterminent
des panneaux, est disposé entre les deux
catafalques et servait à soutenir une tenture constellée de rosaces dorées. La partie
inférieure a cédé à la longue et les débris
recouvrent les objets mobiliers, mais au-
dessus la tenture pend encore et cache la
corniche du tabernacle intérieur. On vou-
drait percer ces obstacles et voir au delà

et sonder d'un coup tout l'inconnu de cette sépulture unique.

C'est fini ! Carter referme la porte immense qu'on n'a pu qu'entre-bâiller, il repousse les verrous dans les anneaux métalliques qui les fixent et nous sortons. Tout le monde est ému et parle peu. Ce que l'on pourrait dire en ce moment ne serait que des banalités. Dès le lundi matin, les ouvriers vont se mettre à l'œuvre pour refermer la tombe et déjà les menuisiers préparent des pièces de bois qui serviront à ce travail. Le couloir en pente, l'escalier et la petite esplanade sur laquelle s'ouvre l'entrée vont être rebouchés, d'abord par une clôture de madriers et de planches et ensuite par des blocs de rochers. Ce matin, je suis allé à la vallée de Biban el Molouk et j'y ai surpris en activité un chantier de travail comme je n'en avais encore jamais vu en Égypte. Les enfants chargés de leurs petits paniers se hâtaient, sous la surveillance des « reis », à déverser du sable et des débris de pierre sur l'emplacement de la tombe. Déjà le sol reprenait son aspect d'autrefois. Un peu plus

et l'on se croirait le jouet d'un rêve...,
tout ce que nous avons vu la semaine
passée n'était que fantasmagorie, un mi-
rage dont nous avons été le jouet. Il n'y
a rien eu dans la Vallée des Rois, sinon
quelques recherches, faites le long des
falaises rocheuses dans l'espoir trompeur
et toujours déçu de retrouver intacte une
tombe de pharaon. Comme si la chose
était encore possible, après les siècles de
dévastation ! Il faut être original, comme
peut l'être un lord anglais, pour jeter son
argent à ce travail de Sisyphe : déplacer
sans fin des déblais au milieu d'un nuage
de poussière grise.

Fermeture de la tombe.   (Cliché de l'auteur.)

Fermeture de la tombe. (Cliché de l'auteur.)

VI

Fin février 1923.

Vous me demandez mes impressions sur mon voyage en Égypte et particulièrement sur le tombeau de Toutankhamon. Il n'est pas nécessaire de vous dire la joie que j'éprouve à me retrouver dans votre merveilleux pays après une absence de quatorze années. C'est la cinquième fois que je visite la vallée du Nil et je ne me considère pas ici comme un étranger. Toutes mes études, depuis mon enfance, ont été consacrées à l'Égypte et à son ancienne civilisation.

Devant certains monuments que je visite pour la première fois, j'ai comme des réminiscences d'un lointain passé et je ne suis pas sûr de n'avoir pas vécu déjà autrefois, du temps des pharaons. Hier un touriste me demandait si je connaissais Karnak et je lui ai répondu en riant que je croyais bien avoir travaillé à sa construction. La nouvelle de la découverte de Toutankhamon m'avait tellement impressionné que j'avais décidé de venir en Égypte au mois d'octobre prochain, quelles que soient les difficultés, financières ou autres, qui pourraient s'opposer à mon voyage. Il me paraissait impossible de continuer à étudier l'art égyptien, et plus encore, de vouloir l'enseigner, sans avoir vu personnellement les merveilles que les journaux décrivaient sommairement.

Vous savez comment les circonstances ont précipité ce voyage en me donnant la joie inespérée d'être présent le jour de l'ouverture officielle du caveau et d'y pénétrer parmi les premiers. Je n'hésite pas à le dire : la réalité a dépassé tout ce que j'avais espéré. Je croyais, par la lecture des dépêches et l'examen des photographies avoir pu me rendre compte assez exactement de la valeur des objets découverts. C'était une illusion, et je le déclare avec d'autant plus de plaisir que, généralement, dans la vie, nous faisons des expériences inverses. Nous avons espéré la perfection et nous ne rencontrons que la médiocrité; ici nous attendions le beau et nous trouvons la perfection.

Vous voulez bien vous intéresser à ce que l'on fait en Belgique pour l'étude de l'Égypte ancienne. Depuis près de vingt cinq ans, le gouvernement s'est efforcé de développer les collections d'antiquités égyptiennes des Musées royaux du Cinquantenaire à Bruxelles. Au fonds ancien, qui comprenait quelques centaines d'objets, sont venues s'ajouter d'année en année des séries provenant surtout de notre participation aux fouilles des sociétés anglaises dans la vallée du Nil. Des donations, dont plusieurs importantes du baron Empain, y ajoutaient de temps en temps des pièces de choix, comme par exemple notre beau mastaba d'ancien empire.

Actuellement nous possédons environ huit mille objets. En même temps se constituait au Musée une bibliothèque égyptologique qui est en train de devenir une des meilleures qui existe. Malheureusement les difficultés de l'heure présente ne permettent pas de lui procurer tous les accroissements nécessaires[1]. Depuis vingt et un ans,

---

[1]. Grâce à la générosité des Belges d'Égypte et des amis de la Belgique dans ce pays, nous avons maintenant la « Fondation Égyptologique Reine Élisabeth ».

un cours d'égyptologie a été créé à l'Université de Liége. L'Égypte occupe, de plus, une place importante dans l'enseignement de l'histoire de l'art et tous nos licenciés en art et archéologie connaissent assez complètement les principaux monuments de l'art pharaonique. Au Musée du Cinquantenaire, un des cours d'archéologie pratique est consacré à l'Égypte et cette année j'ai compté à mes leçons sur l'histoire d'après les monuments, cinquante-deux élèves régulièrement inscrits. Je sais que les Égyptiens modernes ignorent généralement l'importance du travail qui se fait à l'étranger afin d'étudier les reliques de leur passé et de faire comprendre petit à petit à l'humanité civilisée quelle est la place qu'occupe l'Égypte dans l'histoire du monde. Ils ont tort. C'est pour l'Égypte un devoir de faire toujours davantage pour la connaissance de l'antiquité, en favorisant le plus possible le Service des Antiquités. Il faut aider de toutes manières les étrangers qui consacrent parfois des sommes considérables à la reconstitution des siècles brillants que le génie de

Champollion a fait surgir d'un oubli millénaire.

Mais les fouilles archéologiques ont non seulement apporté des documents innombrables sur la civilisation matérielle des anciens, elles ont encore ramené au jour les corps mêmes des plus grands rois de l'antiquité. On a discuté souvent ces jours derniers la question de savoir le traitement qu'il convenait de réserver à ces augustes reliques. Entre ceux qui disent, sans réfléchir, que c'est un sacrilège de retirer les rois de leurs tombeaux et ceux qui n'hésitent pas à en faire des objets de pure curiosité dans un musée, où on les met à peu près au rang des crocodiles ou des veaux momifiés, il me semble qu'il y a un moyen terme. Je voudrais, quant à moi, que les momies royales, après avoir été soigneusement étudiées par des spécialistes compétents soient conservées, dans un édifice spécial, une sorte de panthéon ou de mausolée où chaque souverain aurait sa place et son inscription commémorative. Il n'est pas nécessaire que l'on puisse voir les dépouilles mortuaires; des photographies ou même des moulages des masques suffiraient. L'étalage actuel de ces lamentables momies n'a rien qui puisse donner un éclat particulier au Musée du Caire. Le mausolée des rois de l'ancienne Égypte serait un des monuments les plus impressionnants qui soient. Quand nous allons à Paris aux Invalides, nous ne voyons pas les restes du grand conquérant qui y repose, mais nous sommes saisis en présence de son sarcophage d'une émotion plus profonde qu'à l'examen de Touthmès III, de Séti Ier ou de Ramsès II dans leurs pauvres cages de verre.

Pour Toutankhamon, je voudrais, et je ne suis pas le seul à le désirer, qu'après un examen attentif du corps, on le renfermât de nouveau dans son sarcophage, car il ne peut être question de montrer le roi, comme au tombeau d'Aménophis II, où le spectacle, à mon sens, est pénible.

Vous me demandez aussi ce que je pense de l'exposition des objets découverts dans le tombeau de Toutankhamon. Je ne puis que marquer une préférence, n'ayant

aucune qualité pour donner des directions
à cet égard. Cependant, dans tous les cas,
si l'exposition se fait au Caire [1] ou à
Louxor, il serait désirable d'isoler, dans
un bâtiment spécial ou une aile parti-
culière, le contenu de ce seul tombeau
royal intact. Le Musée du Caire est si
encombré déjà que les objets perdraient de
leur intérêt à être confondus dans ce
gigantesque magasin.

1. Les cinq cents objets découverts dans l'antichambre
sont maintenant au Musée du Caire.

VII

Fin février 1923.

Ésope le Phrygien trouvait que la langue était en même temps la meilleure et la pire des choses qui fussent au monde. S'il vivait de notre temps, que dirait-il de la Presse? Tantôt elle se fait la tutrice bienveillante ou l'éducatrice de la foule qu'elle élève, tantôt elle est une véritable empoisonneuse, semant la haine, ou excitant les passions les plus mauvaises.

C'est ce que je me disais ces jours-ci en lisant dans les journaux les articles publiés contre lord Carnarvon et dont quelques-uns sont des modèles de perfidie.

A en croire certains, la question qui est posée en ce moment est des plus importante : il y va des droits les plus sacrés de la Presse, des devoirs imprescriptibles à l'égard du public; on ne peut admettre qu'un obstacle quelconque soit mis entre la révélation des trésors pharaoniques et la diffusion immédiate des nouvelles par tous les journaux. Si lord Carnarvon ne cède pas, s'il ne révoque pas ce maudit contrat

qui le lie au *Times*, il faut que le gouvernement égyptien intervienne, que la concession de fouilles soit forfaite. On croit
rêver en lisant des choses pareilles, de
nature à faire douter du bon sens de ceux
qui les écrivent, et de la raison de ceux
qui les acceptent sans sourciller. Essayons
de voir clair dans le débat en le rédui-
sant à ses éléments essentiels.

Il y a en Égypte une loi sur les antiquités et un Service des Antiquités. Le
gouvernement accorde le droit de fouiller
les sites archéologiques moyennant des
conditions sérieuses. Il serait souhai-
table de voir appliquer le même régime
dans tous les pays européens, dont le
passé archéologique est souvent livré au
pillage. Pour être autorisé à faire des
recherches, il faut offrir des garanties
morales et scientifiques. Lord Carnarvon
a obtenu une concession de fouiller dans
la Vallée des Rois à Thèbes et, en tout
temps, son chantier est soumis à l'inspection des agents du Service des Antiquités.
Aussi longtemps que durent les fouilles,
il a le droit évident d'interdire à tout le

monde, sauf à ces agents, l'accès des travaux. En ce moment même, dans certaines parties du temple de Karnak, des inscriptions interdisent au public de circuler aux abords du Xe pylône d'Horemheb, où M. Pillet exécute des déblaiements et des restaurations.

A la fin de chaque campagne de fouilles, le concessionnaire a l'obligation de remettre au Service des Antiquités un rapport sommaire sur les résultats des travaux. Les objets découverts sont alors soumis, sans exception, au Service des Antiquités, qui choisit les pièces qui lui conviennent et abandonne le reste au fouilleur, à moins qu'il ne s'agisse, comme dans le cas présent, d'un site pour lequel le gouvernement égyptien s'est réservé l'entièreté des trouvailles. Je ne pense pas qu'il puisse exister d'autres obligations dérivant de la concession. Lord Carnarvon a-t-il manqué à l'un de ses devoirs au cours de ses travaux à la tombe de Toutankhamon? Au contraire, il a fait dès le début beaucoup plus que ce qu'il aurait dû faire, c'est-à-dire que, tenant compte de l'intérêt capital de

sa découverte, il a donné des renseigne-
ments au public, au jour le jour, par
l'intermédiaire du plus grand journal du
monde. C'est ici, paraît-il, que l'affaire
devient épineuse. C'est une violation des
droits du public ! Ne trouvez-vous pas
qu'on devrait faire campagne contre l'invention fâcheuse des brevets d'invention
et interdire aux écrivains de réserver à
un éditeur, à l'exclusion de tous les autres,
le droit de publier leurs œuvres? Si lord
Carnarvon avait réussi, comme tant d'autres fouilleurs, à cacher au public, pendant
quelques mois, sa grande découverte, si
alors il l'avait publiée dans un volume
édité à grands frais par une maison de
Londres, est-ce qu'on lui reprocherait
cette manière d'agir?

Il serait intéressant à ce sujet de rappe-
ler quelques grandes découvertes d'antiquités égyptiennes et qui n'ont pas été
traitées avec autant de souci du public
que la trouvaille de Toutankhamon. Il y
a une quarantaine d'années, le Service
des Antiquités d'Égypte a eu la chance
incroyable de déblayer, à Deir el Medineh,

la tombe de famille d'un personnage du nom de Sen-Nedjem. C'est, encore à présent, une des plus belles pour la beauté de ses peintures. Le caveau, fermé par sa porte antique, en bois sculpté et peint, contenait une série nombreuse de cercueils, de momies, de traîneaux funéraires, de meubles, de figurines. L'ensemble était merveilleux et d'un intérêt unique. Toutes les pièces ne se retrouvent malheureusement plus au Musée du Caire; quelques-unes ont passé dans le Musée de Berlin ou en Amérique. Un Espagnol, Toda, en a donné une rapide et incorrecte description dans une brochure rare publiée à Madrid et dont les *Annales du Service des Antiquités* ont donné un extrait, en traduction, il y a peu d'années. Il n'existe rien de plus sur cette merveilleuse découverte.

Il y a vingt ans à peine, le professeur Schiaparelli a trouvé, dans la même partie de la nécropole de Thèbes, le tombeau de l'architecte Kha et de sa femme Merit. On peut voir au Musée de Turin les merveilleux objets sortis de cette sépulture, qui a donné des pièces uniques, par exemple les vêtements brodés, les candélabres, etc. Il y avait là des meubles magnifiques, des statuettes d'un art raffiné, dont l'une au moins avait gardé autour du cou sa guirlande de fleurs encore bien conservée. Hormis quelques courtes notices dans la presse quotidienne et l'un ou l'autre article sommaire des revues italiennes, rien encore n'a été publié. Il est même impossible d'obtenir, pour des études scientifiques, des photographies de ces documents de premier ordre.

Il y a dix ans que les savants allemands qui déblayaient Tell el Amarna ont fait cette découverte unique de la maison du sculpteur Thoutmès, dans l'atelier duquel étaient encore les études, les maquettes et des œuvres achevées. Rien ou presque rien n'a été dit au moment de la trouvaille, qui fut décrite d'abord dans un rapport distribué uniquement aux membres de la Deutsche Orient-Gesellschaft. De temps en temps, on voit paraître, dans les revues techniques ou dans les albums d'art égyptien, quelques documents de premier ordre qui montrent que cette découverte a bouleversé nos connaissances sur la sculpture antique.

Je pourrais citer encore d'autres exemples semblables. Pourquoi, cette fois, tant de cris, tant de tumulte? Au point de vue égyptien, le Service des Antiquités paraît avoir le contrôle parfait sur le développement de la découverte, le travail s'exécute par des hommes d'une compétence éprouvée, avec l'assistance et je dirais bien, le contrôle de savants appartenant à diverses nationalités. Des photographies, exécutées par un maître, M. Burton, donnent avec une précision qui n'a jamais été réalisée dans le passé, l'inventaire précis et minutieux de la trouvaille. Rien ne peut être détruit, rien ne peut s'égarer sans qu'il reste des témoins redoutables et dont la valeur serait irrécusable.

Évidemment, il est peut-être ennuyeux pour des correspondants de grands journaux qui étaient venus en Égypte avec l'agréable perspective d'un séjour à Louxor, de se trouver dans l'impossibilité de télégraphier, avant leur collègue du *Times*, les détails circonstanciés sur le progrès de la découverte; mais ils n'ont qu'à en prendre leur parti. Ce n'est pas l'intérêt de la science archéologique que le travail des fouilleurs se fasse au jour le jour sous le contrôle de l'opinion publique. Imagine-t-on le savant qui recevrait dans son laboratoire les correspondants de journaux et auxquels il devrait dire, au fur et à mesure des développements de ses recherches, les résultats obtenus déjà, les espérances qu'il garde sur les expériences en cours? Pour l'archéologue, le champ de fouilles est le laboratoire et le public doit apprendre à dominer sa curiosité jusqu'au moment où il plaît au savant de proclamer, à son heure, et sous la forme qu'il lui plaît, le résultat de ses recherches.

On fait déjà les lois sur le contrôle de l'opinion publique et on doit les défaire tous les six mois, la diplomatie secrète est abolie et les traités se marchandent comme à la foire, au milieu du brouhaha d'une nuée de journalistes. Il ne manquerait plus que d'exiger que le travail scientifique se fasse sous le contrôle du suffrage universel ! On a raison de dire que la question est importante et qu'il faut lui donner une solution. Elle me paraît bien claire : qu'on laisse lord Carnarvon continuer tranquillement ses admirables fouilles, qu'on laisse à Carter et à ses aides le soin de nous conserver toutes ces merveilles ; qu'on respecte leurs préférences pour déterminer la manière dont ils informeront le public des résultats de leurs découvertes. Nous ne dirons pas que c'est là leur récompense légitime, c'est leur droit incontestable.

CHAPITRE TROISIÈME

Ce que j'ai vu chez Toutankhamon.

Juin 1923.

Tout dans cette découverte est réellement surprenant, ce qu'on a pu en écrire, la «réclame» faite autour de la trouvaille, comme certains l'insinuent, reste bien inférieur à ce qu'il faudrait dire pour être simplement objectif. Aussi, serais-je tenté de reprendre les termes mêmes de Champollion parlant de la salle hypostyle de Karnak : « Je me garderai bien de vouloir rien décrire, car, de deux choses l'une, ou mes expressions ne rendraient que la millième partie de ce qu'on doit dire en parlant de tels objets, ou bien si j'en traçais une faible esquisse même fort décolorée, on me prendrait pour un enthousiaste, tranchons le mot, pour un fou. » Et, d'autre part, on se sent retenu par cette idée, probablement inexacte, que les journaux ont tenu le public si bien au courant du développement de la découverte que l'on risque de se répéter.

Dans l'article publié par le *Flambeau* au mois de janvier dernier, je cherchais à

7

montrer l'importance exceptionnelle que présentait la découverte du duc de Carnarvon et d'Howard Carter. A ce moment, on ne connaissait encore que les deux premières salles du tombeau, désignées généralement sous le nom d'antichambre et d'annexe. Les premières dépêches avaient décrit l'aspect fantastique qu'elles offraient au moment où les fouilleurs y pénétraient, véritablement arrêtés dans leur marche par un prodigieux entassement d'objets de toutes espèces. On a peine à s'imaginer les difficultés qu'il fallut surmonter pour organiser sagement les travaux de déblaiement de ce mobilier funéraire si riche, mais rendu, par le temps, d'une fragilité redoutable. Jamais aucun explorateur ne s'est trouvé en présence d'une telle abondance de biens; les problèmes de conservation à résoudre exceptionnellement au cours de plusieurs mois d'une campagne d'exploration, se multipliaient ici par cent, exigeant une solution immédiate pour que le travail ne fût pas, à chaque instant, complètement arrêté.

Comment s'étonner, dans ces conditions, qu'il ait fallu plusieurs semaines pour extraire de l'antichambre les cinq cents objets environ qui s'y trouvaient. On les a transportés au fond de la vallée de Biban el Molouk, dans le tombeau de Séti II, transformé en un laboratoire, où chacun reçoit le traitement approprié et où se rédigent les observations scientifiques permettant de dresser l'inventaire de la découverte.

Seules, les deux grandes statues du roi, étaient restées dans l'antichambre, dressées à leur place antique, de chaque côté de la porte encore murée qui masquait, pensait-on, le réduit où se cachait la momie du vieux pharaon. Sur le plafonnage qui recouvrait les blocs de pierre fermant la porte, on distinguait nettement les traces de sceaux qui y avaient été imprimés. Tandis que les deux portes d'entrée avaient été forcées et que des voleurs avaient fait sauter le bloquage qui fermait l'annexe de l'antichambre, ici les scellés étaient restés parfaitement intacts.

L'après-midi du 18 février, au moment où j'eus le privilège de pénétrer, à la suite de la reine Élisabeth et du prince Léopold, dans la tombe de Toutankhamon, le blocage avait été en majeure partie enlevé et, par la large ouverture faite ainsi dans la muraille, on voyait apparaître le catafalque. L'impression était unique, et malgré mon désir ardent d'avancer immédiatement au delà et de jouir d'un spectacle peut-être encore plus extraordinaire, il me fallait m'arrêter et chercher à fixer dans ma mémoire la vision présente. Imaginez un réduit de dimensions restreintes, entièrement creusé dans l'épaisseur de la montagne; les murs en sont unis, sans aucun relief ni peinture, contrairement à l'usage des tombes royales de cette époque. Les deux grandes statues royales ont une allure imposante. L'enduit de bitume dont on a recouvert le bois pour en assurer la conservation leur donne un aspect étrange, surprenant pour qui n'est pas habitué à l'analyse des formes de l'art égyptien. Les deux visages ne sont pas absolument pareils, mais j'y retrouve sans peine l'élégance, la distinction et la finesse qui caractérisent les images de Tout-ankhamon déjà connues. La coiffure, le vêtement, les sandales, les bijoux, le sceptre et la massue sont recouverts de feuilles d'or; leur éclat anime les statues qui, sans ce décor, auraient un aspect lugubre. Entre les deux, la paroi du catafalque vous fascine. Tout ce qu'on voit est en or ou en émail bleu d'une intensité sans pareille. C'est bien ce bleu que l'on appelle égyptien parce qu'aucun autre peuple, semble-t-il, n'a réussi à le reproduire avec une telle perfection.

La chambre dans laquelle est placé le catafalque, qui la remplit presque entièrement, est creusée à un niveau inférieur à celui du sol de l'antichambre. De plus, il paraît bien évident que le mur dont la porte vient d'être dégagée, n'a été construit entre les parois rocheuses qu'après montage du catafalque. Lorsqu'on se penche au seuil de la porte, on s'étonne d'abord de constater le peu d'espace libre entre le mur et le catafalque qui se continue sur une longueur de plusieurs mètres et paraît se perdre dans l'obscurité régnant au fond de la salle. Sur la face intérieure des murs, on entrevoit des scènes religieuses peintes d'une manière hâtive et dont l'exécution ne répond pas à la perfection technique des objets mobiliers. On doit se glisser avec précautions entre la paroi dorée et émaillée et le mur de la chambre pour arriver devant les portes du gigantesque *naos* ou sanctuaire qui sert de catafalque au roi. Deux grandes portes occupent toute la largeur du petit côté jouant le rôle de façade. Elles sont dominées par une corniche à gorge au-dessus de laquelle s'élève la toiture dont la courbure bien connue dans l'architecture égyptienne n'a guère encore été nettement expliquée. Les vastes panneaux sont divisés par des bandes d'inscriptions hiéroglyphiques verticales et horizontales entre lesquelles sont disposées des amulettes ou des images de divinités funéraires. Sur le côté gauche que l'on voit en entrant, la décoration est composée en majeure partie des deux amulettes qu'on appelle le « dad » ou « didou » et la boucle de ceinture. Uu panneau rectangulaire est occupé par la représentation des yeux du dieu du ciel. Généralement, ils sont dessinés sur les cercueils et les sarcophages du côté de la tête du mort afin de la protéger. Les yeux magiques écartent de celle-ci les influences malfaisantes. On les gravait de même sur le gouvernail d'un bateau pour en assurer la manœuvre; leur image sur un bâton de jet lui faisait atteindre plus sûrement le but visé.

Les portes sont maintenues fermées par des verrous glissant dans des anneaux de métal. Quelques jours après ma première visite, j'ai pénétré une fois encore dans le tombeau et Howard Carter a fait glisser les verrous de manière à entre-bâiller la porte. Sous les rayons d'une lampe électrique portative projetant seulement un faisceau de lumière, j'ai pu voir les portes d'un autre catafalque emboîté dans le premier et dont les parois sont également décorées. Deux boutons fixés de chaque côté de la porte sont encore reliés par une cordelette soigneusement tressée sur laquelle est fixé un sceau. On peut avoir toute confiance; le contenu est absolument intact comme au jour où le prêtre funéraire a terminé son office par l'apposition de ces scellés demeurés inviolés depuis tant de siècles. Si l'on doit s'en rapporter aux indications d'un papyrus du Musée de Turin, on rencontrera trois portes encore qu'il faudra franchir avant d'atteindre le sarcophage de pierre. Sous le lourd couvercle de celui-ci repose la momie du roi, enveloppée dans ses bandelettes, recouverte de ses bijoux les plus précieux et protégée par plusieurs cercueils emboîtés les uns dans les autres.

Mais, pour le moment, il ne peut être question de pousser plus loin les investigations. Des obstacles matériels empêchent les explorateurs de faire sauter le sceau de la deuxième porte et d'en ouvrir les battants; en effet, la première enveloppe du catafalque est séparée de la seconde par un châssis aux montants et traverses de bois recouvert d'or, et auxquels est accrochée une vaste tenture parsemée de rosaces également dorées. La partie supérieure de ce voile funèbre, qui a bruni sous l'action du temps, continue à remplir son office et dérobe aux regards la corniche du deuxième tabernacle. Au contraire, à la partie inférieure, l'étoffe s'est déchirée par le poids même des rosaces et recouvre de ses débris de nombreux objets disposés sans ordre les uns sur les autres. Au moment des funérailles, les objets mobiliers étaient si nombreux et l'espace dont on disposait si limité qu'on n'a pas laissé un recoin de la tombe sans l'utiliser. Même devant les portes du catafalque, lord Carnarvon et Carter, lors de leur première entrée, ont ramassé quelques pièces intéressantes, abandonnées sur le sol. On peut croire que les enveloppes successives du catafalque révéleront les unes après les autres des réserves de bijoux, de vases, de boîtes précieuses, etc. Sous les débris de l'étoffe déchirée, on distingue déjà des sceptres, des massues, des insignes royaux de formes diverses, un précieux vase d'albâtre dont la pierre minutieusement fouillée, figure des génies du Nil, gras et potelés, serrant dans leurs mains des bouquets de fleurs. Je citerai encore un vase fermé par un couvercle, surmonté d'une figure de lionceau au corps sculpté et rehaussé de couleurs variées. Lorsque l'année prochaine les travaux de déblaiement seront repris, chaque jour nous apportera sans doute la découverte de nouvelles merveilles de l'art industriel égyptien.

A droite du catafalque, le long du mur, sont disposées des rames de bateau qui ont peut-être servi à la manœuvre de la barque destinée à transporter la momie royale au delà du Nil. La rive droite, était la ville des vivants; la rive gauche, la terre des morts. Tout au fond, on entrevoit encore un paquet assez volumineux écrasé en quelque sorte sur lui-même et dont les formes sont par conséquent indistinctes. Il s'agit, suppose-t-on, de l'emblème d'Anubis, imitant une peau d'animal décapité, et dont les prêtres se servaient au cours de la cérémonie des funérailles. Il y a peu d'années, les fouilleurs du Musée Métropolitain de New-York en ont découvert un exemplaire bien conservé, dans leur exploration de la nécropole de Lisht.

Personne jusqu'à présent n'a pu se glisser derrière le catafalque pour voir si, de ce côté, le tombeau ne présente pas de nouvelles chambres, ce qui est chose possible. En attendant, il est permis de considérer comme la dernière chambre de la sépulture un réduit de dix à quinze mètres carrés qui s'ouvre en face du catafalque. On s'arrête devant la porte qu'il est impossible de franchir tant l'amoncellement du mobilier funéraire remplit tout l'espace. Comme aucun voleur n'a pénétré dans ce réduit, on sent mieux encore que dans l'antichambre, la hâte que les porteurs ont mise à se débarrasser de leurs fardeaux comme pour s'acquitter plus rapidement de leur tâche. A première vue, les objets semblent posés sans ordre systématique et, sauf pour un détail, je n'ai rien remarqué qui pût faire penser à une disposition réglée par un rituel. Nous savons, par la représentation du Livre des Morts, que la chambre funéraire devait être protégée au moyen de quatre briques magiques, soigneusement orientées. Quatre masses d'argile rectangulaires portaient gravées les formules canoniques accompagnées chacune d'un objet déterminé. Il y avait une brique surmontée d'une figure de chacal, une autre, d'une forme de momie, sur la troisième, était l'amulette appelée le « dad » et sur la quatrième, un fragment de roseau. De temps à autre, les fouilleurs ont retrouvé de ces briques magiques orientées dans les tombes du Nouvel Empire. Précisément posée au seuil de la porte du dernier réduit est une de ces briques, brisée en deux, et on y voit encore le roseau fiché d'aplomb pour servir de mèche. Il est possible qu'on retrouvera les quatre briques, chacune devant un des murs. Celle qui gît devant la porte a été probablement renversée et brisée au moment où l'on a déposé le mobilier funéraire.

Le fond du réduit est occupé par une sorte de grande armoire carrée à corniche surmontée de figures de serpent. Les portes en sont encore fermées et scellées. Sur les trois côtés visibles, on voit des déesses finement modelées et qui ont la face tournée vers le meuble qu'elles pro-

tègent de leurs bras légèrement écartés.
Il y a sans aucun doute une quatrième
figure du côté de la muraille; ce sont les
déesses Isis, Nephthys, Neith et Selkit, qui
sont les gardiennes des vases dits canopes,
dans lesquels étaient les viscères du mort.
Le coffret, entièrement doré et flanqué des
déesses, dont le corps est également recouvert d'or, contiendra sans doute les quatre
canopes de Toutankhamon probablement
en albâtre et dont les couvercles seront
surmontés de la tête du roi.

Devant le coffre des canopes, est déposée
une assez longue boîte noire sur le couvercle de laquelle est couché un chacal,
dont le corps est en majeure partie caché
par un voile. Entre les deux, se trouve
une grande tête de vache en bois sculpté
et peint; on en a déjà découvert d'ana-
logues dans d'autres tombes royales, mais
leur signification n'a pu être établie.
A droite et à gauche de la ligne marquée
par le coffre au chacal, la tête de vache
et l'armoire des canopes, se trouvent
serrés les uns contre les autres de nombreux objets, surtout de petits tabernacles

en bois recouvert de bitume. Un seul d'entre eux est ouvert. Il contiendrait deux statuettes du roi représenté debout sur des panthères. Je n'ai pu même les entrevoir car il aurait fallu faire un ou deux pas dans la petite chambre, ce qui ne m'a pas été permis.

A gauche, se trouvent encore deux chars démontés, semblables à ceux qui ont été trouvés dans l'antichambre. A peu de distance de la porte et vers la gauche sont deux beaux coffrets richement décorés d'incrustations. C'est dans l'un d'entre eux probablement que se trouve le « monceau de bijoux d'or incrustés de pierres de couleur » dont lord Carnarvon et Pierre Lacau m'avaient parlé. La Reine Élisabeth a vu un éventail fait de plumes d'autruche fixées à un manche d'ivoire sculpté et qui se trouve seul dans un autre coffret.

J'ai remarqué un modèle de grenier : les grains sont encore disposés dans des cases. A différents endroits, par terre ou posés sur les coffres, se voient des bateaux qui nous apportent en réduction l'image fidèle de la flotte royale. Au tombeau d'Aménophis II, Loret avait découvert des fragments de modèles semblables malheureusement mutilés. Les jolis détails qu'ils montraient, faisaient regretter de n'avoir dans nos musées aucun spécimen complet. Ici la flottille est intacte et ce sera un plaisir d'étudier toutes les particularités du gréement et de la décoration. L'un des petits bateaux a encore sa voile tendue et il semble qu'aucune des cordes nécessaires à la manœuvre n'ait été arrachée.

On pourrait citer encore certains objets funéraires qui présentent un caractère strictement archéologique, par exemple, les statuettes aux masques dorés qu'on entrevoit couchées dans un coffre dont le couvercle a été enlevé et qui se trouve à gauche du meuble des canopes.

Mais j'en ai dit assez, semble-t-il, pour donner une idée sommaire du contenu de cette dernière chambre. Je suis persuadé que son exploration révélera une infinité d'objets précieux et même entièrement nouveaux dans l'archéologie égyptienne. Il est plus difficile de fixer, sans tomber

dans le mode lyrique, l'impression ressen-
tie pendant les courts instants durant lesquels, les yeux grands ouverts, on essaie
de saisir rapidement tout ce que contient
cette chambre où personne n'est entré
depuis plus de trente-quatre siècles. Il ne
faut pas être archéologue, ni avoir consacré la plus grande partie de sa vie à
l'étude de la vieille civilisation égyptienne, pour être impressionné par un tel
spectacle. Tout être intelligent dont les
préoccupations ne s'arrêtent pas à la rapide
acquisition de jouissances matérielles,
qui a compris la continuité indéfinie de
l'histoire et surpris les mille liens invi-
sibles qui nous rattachent aux civilisations du passé, est impressionné profondé-
ment par la brusque révélation de cette
tombe merveilleuse. Elle nous apporte
des choses dont il était difficile de se faire
une idée même par une étude attentive de
tous les fragments mutilés, passionnément
recueillis dans les musées et que les égyptologues s'efforçaient de reconstituer en
imagination. Mais de plus, on a ici une
impression *cumulative* qui agit avec une

Lord Carnarvon.

                    P.-J. Mortimer, F. R. P. S. Phot.

force inconnue jusqu'à présent. Je serais tenté de dire que j'étais étonné au premier moment de trouver d'abord la réalité au moins aussi belle que tout ce que je m'étais imaginé. L'instant d'après, je sentais que, si je m'étais trompé, c'est en n'osant pas être assez audacieux lorsque j'évaluais, sur de faibles débris, la valeur absolue des pièces au temps de leur création. C'est comme si un botaniste savant, qui connaîtrait seulement les plantes par des spécimens desséchés entre les feuillets d'un herbier, se trouvait transporté au milieu d'une forêt à la végétation luxuriante.

Avec un peu d'imagination, on pourrait supposer que nous sommes vraiment en présence d'une cachette disposée intentionnellement par les anciens pour instruire notre génération et lui donner même une leçon de modestie. Des poètes égyptiens déplorent la destruction des monuments du passé et nous dépeignent les tombes des grands rois réduites en poussière et dont plus personne ne paraît se souvenir. La tombe de Toutankhamon est la « réserve » installée en vue de révéler la splendeur d'une civilisation morte. Mais, pour qu'il en soit ainsi, il a fallu que le climat et la configuration physique de l'Égypte soient tels que les objets, même les plus fragiles, enfermés au cœur de la montagne, aient pu traverser les siècles sans subir aucune altération apparente. De plus, la plupart de ces objets portent des inscriptions dont le secret a été retrouvé par Champollion, ce qui permet de les attribuer à des personnalités historiques connues. La trouvaille des fameux trésors de Mycènes a suscité tant d'émoi, même en dehors du monde des archéologues, parce que Schliemann les avait attribués, sans preuve, sinon par pure fantaisie, à des princes dont les exploits avaient été chantés par les plus grands poètes de la Grèce.

Au seuil de la petite chambre de Toutankhamon, on a l'impression de remonter le cours des siècles qui nous séparent du jour des funérailles royales. Plus de trois mille quatre cents ans nous séparent du moment où les porteurs du mobilier funéraire ont déposé ici leur fardeau, chaque pièce à l'emplacement exact où nous la retrouvons. Plus d'un million de jours se sont écoulés depuis lors, plus de cent générations d'hommes ont apparu sur la terre et se sont évanouies. Les grands empires qui, successivement ont exercé leur hégémonie dans l'ancien monde, ont disparu de la scène de l'histoire, sans parler des langues qui se sont éteintes et des religions dont les derniers adorateurs sont morts depuis des siècles.

Dans un vieux livre, *L'Égypte de Murtadi*, traduit en 1666 par Pierre Vattier, «docteur en médecine, lecteur et professeur du Roy en langue arabique », on lit une amusante histoire. Un sultan d'Égypte fait ouvrir une pyramide au cœur de laquelle les ouvriers découvrent un trésor dont la valeur représente exactement le prix qu'avaient coûté les travaux. Et le sultan de s'en émerveiller et de dire : « Considerez la preuoyance de cette nation, et jusqu'où leur science est paruenuë. Leurs Sages leur ont fait sçauoir qu'il ne manqueroit point de se trouuer quelqu'un qui fairoit ouurir en quelqu'endroit quelqu'une de ces pyramides. Ils ont examiné cela et supputé, combien celuy qui entreprendroit cette ouuerture, y fairoit de despense, et ont mis la somme au mesme lieu, afin que celuy qui viendroit jusques là trouuant son compte, et voyant qu'il n'y auoit rien à gagner, ne recommençast un semblable ouurage. » Hélas, cette jolie légende n'a aucun fondement dans la réalité. Aussi les pillards ont-ils exercé leur industrie avec un tel succès et une persévérance si inexorable, qu'il était à craindre qu'aucune tombe royale ne leur eût échappé. Hérodote raconte cependant qu'un prêtre lui avait montré dans un livre les noms de trois cent trente rois. Si les âmes désincarnées de ces Pharaons ont conservé quelque personnalité et un reste de conscience grâce aux rites exécutés au moment de leurs funérailles, on peut imaginer avec quels sentiments elles ont assisté à ces dévastations sacrilèges. Presque chaque fois, c'était un drame qui se jouait dans les ténèbres à peine dissipées par une torche fumeuse. Avec une hâte fiévreuse, des mains brutales n'ont eu d'autre préoccupation que de ramasser un riche butin dans le plus court laps de temps; c'est un drame d'anéantissement et de destruction sauvage. La pauvre âme, qui n'avait plus d'autre soutien en dehors de la momie, que dans les statues funéraires réduites en morceaux, est expulsée de la tombe qui n'est plus désormais pour elle une demeure d'éternité et, perdant la ressource des offrandes funéraires, elle est réduite, suprême abjection, à se nourrir des immondices rencontrés dans la poussière des chemins.

Pour Toutankhamon, au contraire, c'est la résurrection, l'apothéose. Ceux qui entrent dans la tombe en franchissent le seuil avec un infini respect. Ils relisent ces formules qui vont, après une si longue interruption, reprendre leur efficacité et donner à l'âme du roi « toutes les choses bonnes et pures dont vivent les dieux », lui rendre la joie « de respirer les souffles agréables du vent du nord et de boire l'eau fraîche prise au courant du fleuve ». Elle pourra de nouveau « entrer et sortir comme une âme vivante et résider dans toutes les places suivant son désir, revêtir toutes les formes que lui suggère sa fantaisie ». Tout se fait à la grande lumière ; à chaque instant on s'arrête pour éviter que, par une précipitation intempestive, on ne mette en danger les objets devenus fragiles. Les vieux Égyptiens employaient des formules touchantes pour demander à la postérité de faire à leur bénéfice ce que les égyptologues font en lisant les textes qui couvrent le catafalque ou même les objets mobiliers. Récitez les formules, disent-ils, « le souffle de la bouche (la parole) est utile au défunt et n'est pas une fatigue pour celui qui le fait. Ce n'est qu'une lecture, cela ne coûte rien. Cela n'attire ni malheur ni malédiction, ni aucun conflit avec autrui. Ne prenez pas mon appel comme la supplication importune d'un mendiant. Je vous demande de prononcer une parole qui procure la joie et que le cœur ne se rassasie jamais d'entendre. Votre bouche ne se fatiguera pas à la dire. Je ne vous demande rien qui vous coûte de l'argent et ce n'est pas un désavantage que de dire des choses excellentes... Car seuls vivent les morts dont on prononce le nom. » Le souvenir de millions d'Égyptiens s'est effacé sans retour tandis que maintenant et pour toujours, la mémoire de Toutankhamon est assurée de ne jamais s'éteindre.

Mais en même temps vivra le nom de Lord Carnarvon. Il n'a pas cru à l'histoire des tombeaux qui ne livraient exactement que la somme que pouvait coûter leur exploration. Les contrats qu'il avait signés avec le Service des Antiquités de l'Égypte assuraient au Musée du Caire — sans aucun partage — la propriété de tous les objets trouvés dans les fouilles de la Vallée des Rois. Il avait compris qu'il existe des valeurs plus hautes que celles qu'on évalue à la Bourse ou qu'on change aux guichets des banques; il estimait ne pas payer trop cher, au prix d'une fortune, la gloire de restituer à l'humanité de tels documents. Il avait conscience que leur étude permettrait d'écrire avec plus de précision une des pages les plus brillantes de l'histoire du passé.

TABLE DES GRAVURES

1. Toutankhamon. — Fragment d'une statue d'Amon aux Musées Royaux du Cinquantenaire, Bruxelles . . . . Frontispice.

Pages.

2. Vue de la route dans la vallée . . . 16
3. Biban el Molouk 17
4. Emplacement de la tombe. Photographie prise en 1905. 32
5. La tombe de Toutankhamon. 33
6. Autour de la tombe, le 18 février 1923. 56
7. Au sortir du tombeau, le 18 février 1923. 57
8. Lord Carnarvon et Howard Carter, à proximité du tombeau de Toutankhamon. 64
9. L'Amon de Toutankhamon dans le temple de Karnak. 65
10. Fermeture de la tombe. 80
11. Fermeture de la tombe. 81
12. Lord Carnarvon. 112

TABLE DES MATIÈRES

Pages.

Avertissement   7

CHAPITRE PREMIER. Le Nouveau Trésor
découvert en Égypte (Janvier 1923). .   9

CHAPITRE II, Lettres de Louxor 47

    I. 18 février 47
    II. 19 février 55
    III. 20 février 62
    IV. 21 février 68
    V. 28 février 76
    VI. Fin février 81
    VII. Fin février. 88

CHAPITRE III. Ce que j'ai vu chez Toutankhamon (Juin 1923).   97

TABLE DES GRAVURES 120